西藏夏尔巴 僜巴非物质文化遗产保护和传承研究

马宁　胡家淑　著

西藏人民出版社

图书在版编目(CIP)数据

西藏夏尔巴 僜巴非物质文化遗产保护和传承研究/马宁,胡家淑著.--拉萨:西藏人民出版社,2024.
ISBN 978-7-223-07735-4
Ⅰ.G127.75

中国国家版本馆 CIP 数据核字第 20242XK406 号

西藏夏尔巴 僜巴非物质文化遗产保护和传承研究

作　　者 马　宁　胡家淑
责任编辑 廖　青
封面设计 旦真那杰
责任印制 扎西桑珠
出版发行 西藏人民出版社(拉萨市林廓北路 20 号)
印　　刷 西藏新华印刷有限公司
开　　本 787mm×960mm　1/16
印　　张 13.25
字　　数 210 千
版　　次 2024 年 11 月第 1 版
印　　次 2024 年 11 月第 1 次印刷
印　　数 01-1,000
书　　号 ISBN 978-7-223-07735-4
定　　价 38.00 元

目　录

绪论

一、和平解放以来西藏文化遗产的保护成就

1951 年西藏和平解放，经过平叛和民主改革，1965 年西藏自治区成立。在西藏这些具有里程碑意义的时间节点上，众多研究者从不同视角、不同方面入手，对西藏社会发展的成就进行了梳理，从中我们可以看到西藏自和平解放以来在文化遗产保护方面取得的巨大成就。

（一）从文物考古发展为类型丰富的物质遗产保护体系

1. 以文物保护为主的西藏文化遗产管理组织和政策法规日臻完善

早在 1959 年西藏民主改革之初，党和政府就设立了文物管理部门，配备了有专业背景的干部开展工作。1959 年 6 月中共西藏工委成立了西藏工委文物古迹文件档案管理委员会，1963 年西藏档案馆筹备处成立。[①] 1965 年西藏自治区成立后，西藏自治区文物管理委员会也相继成立，并调集了 10 余名祖国内地大专学历以上的文物专家进藏工作。1984 年西藏新建区级档案馆，使西藏古籍文献整理与认定工作日益规范和常态化。1995 年，西藏自治区文物管理局成立，2005 年西藏自治区文物保护研究所成立，2017 年西藏自治区文物保护专业委员会成立，吸纳了大量文物保护经验丰富的专业人员，标志着西藏文物保护工作的专业化水平不断提高。

1980—1989 年，西藏文物保护制度建设陆续完善。西藏自治区人民政府先后颁布《西藏自治区人民政府关于加强文物保护的布告》《西藏自治区流散文物管理暂行规定》《关于进一步加强文物保护管理的决定》《西藏自治区文物保护管理条例》。进入 21 世纪，各种文物管理办法密集出台。2003

① 高秀峰. 西藏地区档案馆筹备处正式成立[J]. 档案工作，1963(6)：12.

年颁布了《西藏自治区文物单位消除安全管理办法》,2006 年《西藏自治区文物保护管理条例》经再次修订后改为《西藏自治区文物保护条例》,2009 年颁布实施《布达拉宫保护办法》,衔接已废止的 1997 年颁布的《布达拉宫保护管理办法》。2013 年颁布实施《拉萨市老城区保护条例》,2016 年发布《关于进一步加强文物工作的实施意见》,2018 年发布《关于进一步加强文物安全工作的实施意见》。2020 年,编制《西藏自治区"十四五"时期文物事业发展规划》《西藏自治区文物保护研究利用规划(2021—2035 年)》。① 从组织机构和制度法规两个方面建立起西藏文物保护管理体系。

2. 建立起西藏文物考古学术体系

新中国成立后,启动了以文物古迹为对象的文化遗产保护工作,西藏文物的整理收集和展览工作也随即展开,1950 年 12 月,重庆西南人民图书馆举办了"西藏西康文物展览"②。这说明西藏的文物很早便引起了国家的重视。1956 年,中科院地质研究所赵宗溥教授等人进入西藏那曲以北考古,发现 4 处石器地点并采集到一批打制石器,国内学者对西藏史前文明的研究由此展开。1957 年,中央派出新闻电影制片厂摄制组赴西藏阿里拍摄古格王朝纪录片,留下了 20 世纪 50 年代关于西藏文化遗产的宝贵影像记录。

1959 年,在文化部的组织下,以北京大学考古学家宿白教授为代表的一批专家组成西藏文物调查小组,进入西藏拉萨、山南、日喀则开展考古工作并出版了《藏传佛教寺院考古》一书,拓宽了人们对西藏文明发展史的认识。1961 年、1964 年又有考古人员分别在西藏拉萨市林周县、日喀则市定日县苏热进行了两次考古工作。此后,来自四川省、陕西省、湖南省、北京市、南京市等地的专业考古人员和藏族考古专业人员共同开展考古工作,为西藏考

① 赵越. 2020 年度西藏自治区开展考古调查发掘项目 25 项[EB/OL]. https://www.163.com/dy/article/G7UR579G0514RK6B.html,2021-04-19.

② 西藏西康文物展览会工作总结[J]. 文物参考资料,1951(11):104-106.

古行业培养了一批专业人员。[①] 自此西藏可移动文物和不可移动文物得到了梳理、研究和及时修缮。1984 年启动了历时近 10 年的西藏文物普查工作,发现文物点 1721 处,征集到 2 万件流散于民间的可移动文物,其中有 2000 余件被鉴定为一二级文物。在此基础上,于 1990—1992 年、1994 年、1997 年又展开了西藏局部地区的考古工作。[②]

2008 年,西藏开展了第三次文物普查(不可移动文物部分)[③],于 2011 年基本完成,调查人员由自治区、地(市)、县(区)的 370 余人组成,田野工作涉及全区 73 个县级行政区的 692 个乡镇,调查范围达 117.6 万平方公里(部分"无人区"除外),记录不可移动的遗存地点 4277 处,其中古遗址类 1379 处、古墓葬类 516 处、古建筑类 1543 处、石窟寺及石刻类遗存 587 处。[④]

2013 年 11 月,西藏第一次可移动文物普查工作启动,2017 年基本完成。在全国文物普查期间,西藏文物考古研究所联合中国社会科学院考古所、湖南省文物局、陕西省考古研究所、四川大学历史文化学院、中国藏学研究中心、中国科学院古脊椎动物与古人类研究所等在西藏不同地方展开了田野考古工作,实现了考古全覆盖。

考古行业的专业人员在此基础上先后发表了,《昌都卡若》西藏大型综合考古报告,《古格故城》《曲贡遗址》等考古报告,陆续出版了《西藏地方文物志丛书》《中国文物地图集 · 西藏分册》《西藏自治区志 · 文物志》。

2020 年,西藏开展考古调查发掘项目 25 项,已完成《西藏考古工作规划(2021—2035 年)》编制工作[⑤],随着西藏专业考古人员数量的持续增加,西

① 赤列次仁. 高原探古:合作开展的西藏文物考古工作[N]. 中国文物报,2016-08-26(5).

② 次仁卓嘎. 发展中的西藏文化事业[J]. 中国西藏,1997(4):34-35.

③ 席琳. 高原上的文物考古工作者——西藏第三次全国文物普查 2008 年试点工作散记[J]. 中国西藏,2008(6):42-47.

④ 李旻,李永宪. 考古学在西藏的发展[J]. 西藏研究,2020(6):112-123.

⑤ 赵越. 2020 年度西藏自治区开展考古调查发掘项目 25 项[EB/OL]. https://www.163.com/dy/article/G7UR579G0514RK6B.html,2021-04-19.

藏考古工作实现了专业化和系统化,构建起具有中国特色的西藏考古学术体系,使我国学者掌握了西藏文物考古的学术话语权和主动权。① 有学者评价道:"考古学在西藏的发展,经历了从无到有、由慢到快、由局部到全面的几个阶段,体现了这一学科发展的三大基础要素,即文明意识、科学技术、专业教育在西藏的不断提升和进步。"②

3. 形成类型丰富的西藏物质遗产保护体系

1961年,西藏有9处全国重点文物保护单位,此后又陆续发布11处第一批区级重点文物保护单位。截至2019年11月,西藏已调查登记的各类文物点共有4277处,各级文物保护单位1985处,其中全国重点文物保护单位70处、自治区级文物保护单位603处、市县级文物保护单位1314处。以全国重点文物保护单位为切入点,西藏文物保护单位实现了"四有"③目标。在西藏收集和认定的可移动和不可移动文物中,相当一部分见证了自唐朝以后西藏在不同时期与祖国内地文化交流互动的历史,以布达拉宫、大昭寺为代表的大量西藏古建筑是祖国文化融合下的产物。同时,一些寺庙还建有"祖国内地殿",收藏祖国内地所产的瓷器、珐琅器、金玉印章及封诰敕书等,从这些文物中我们也可以看出文化交融,如西藏民众非常喜欢景德镇瓷器,景德镇瓷器从纹饰(八吉祥纹、金刚杵纹)到造型受到了藏族文化的影响。④不仅如此,有研究者梳理了北京故宫所藏的明清两代来自西藏的可移动文物:敕谕、铜铃杵、白伞盖经注、白螺、海螺、银胎铜珐琅靶碗、右旋白螺、曼达、铜佛像、杂古杂雅碗,这充分证明西藏是中央政府统一政权之下的地方行政区之一,是祖国不可分割的一部分。⑤

① 霍巍. 西藏文物考古事业的历史性转折——为西藏自治区成立40周年而作[J]. 中国藏学,2005(3):192-200.

② 李旻,李永宪. 考古学在西藏的发展[J]. 西藏研究,2020(6):112-123.

③ 文物保护"四有"目标指有保护范围、有保护标志、有记录档案、有保管机构。

④ 陈德富. 西藏的景德镇青花瓷器[J]. 景德镇陶瓷,1993(Z1):59-63.

⑤ 朱家溍. 故宫所藏明清两代有关西藏的文物[J]. 文物,1959(7):14-19.

从20世纪80年代开始,国家投入3亿多元人民币,使西藏1400多座寺庙得以修缮后对外开放。1989—1994年间,国家投入5500万余元和提供大量黄金、白银贵重金属物资维修布达拉宫,组织了一支以藏族工匠和管理人员为主,祖国内地专业技术人员指导的工程技术队伍,这支技术队伍以“不改变文物原状,整旧如旧”的原则,“尊重传统、尊重科学、尊重民族风格、尊重宗教需要”,完成了111项维修项目。1994年,西藏布达拉宫、大昭寺、罗布林卡历史建筑群根据世界遗产“突出的普遍价值”评估标准第1、4、6条被列入《世界遗产名录》,这是我国第一批进入《世界遗产名录》的少数民族文物,是西藏文物保护史上的里程碑和新起点,标志着以“突出的普遍价值”、真实性、完整性为核心的《世界文化和自然遗产保护公约》保护理念开始注入西藏文物保护工作中。

此后,西藏的文物修复工作更受国家重视,据统计,“十五”期间国家投入4亿元启动了“西藏三大重点文物修复工程”(布达拉宫二期维修及罗布林卡、萨迦寺维修);“十一五”时期国家安排资金5.7亿元对西藏22处文物单位进行保护维修,投资总额比“十五”期间增加近2亿元;“十三五”时期,西藏重点文物保护规划项目的总投资已达18.4亿元,其中,西藏博物馆改扩建工程资金6.6277亿元;2018年底,投入3亿元资金启动布达拉宫文物(古籍文献)保护利用项目;2015—2019年间西藏自治区人民政府投入3.6亿元用于69处区级文物的维修工程。[①] 这些文物维修工程坚持以传统藏族维修技术与工艺为主,坚持使用原材料、原工艺、原形制,适当采用现代保护与建筑施工技术为补充的方法,实现了对文物建筑及其重要价值的保护和延续。伴随西藏文物保护工作专业化、科学化程度的不断提高,古建筑消防、文物犯罪、壁画修复技术、古建筑测绘的计算机

① 韩海兰.西藏现有各级文物保护单位1985处世界文化遗产1处3个点[EB/OL].中国西藏网,http://www.xizang.cn/cn/culture/ms/201911/t20191125_6713139.html,2019-11-25.

技术应用与数据保存等文物保护技术方式逐渐成为当代西藏文物保护工作和研究的焦点。

在我国文化遗产保护工作整体推进过程中,西藏文物保护不再局限于保护古建筑,仍有居民生活的历史文化名街也被纳入到文化遗产保护范畴中。目前西藏有中国历史文化名街2处:拉萨市八廓街和江孜县加日郊老街;中国历史文化名城3处:拉萨市、日喀则市、江孜县;中国历史文化名镇名村9处:山南市乃东区昌珠镇、日喀则市萨迦镇、定结县陈塘镇、贡嘎县杰德秀镇、札达县托林镇、工布江达县错高乡错高村、吉隆县吉隆镇帮兴村、尼木县吞巴乡吞达村、普兰县普兰镇科迦村。此外还有芒康县上盐井村、吉隆县汝村和帮兴村、工布江达县错高村、墨竹工卡县赤康村、林周县连巴村、尼木县吞达村、波密县米堆村等35个古村落入选《中国传统村落名录》。西藏自治区还将江孜宗山抗英遗址、山南烈士陵园、波密县委红楼、波密易贡乡将军楼和阿里“英雄先遣连”旧址、阿里分工委旧址、中央人民政府驻藏代表办公处旧址、西藏第一个农村基层党支部——克松村党支部旧址等认定为红色文化遗产,这些红色文化遗迹经修缮整饬后,被命名为爱国主义教育基地,是红色旅游线路中的重要景点。此外,2019年,“羊八井地热发电试验设施”被中华人民共和国工业和信息化部列入《第三批国家工业遗产名单》;2020年,纳金电站和夺底电站被列入《第四批国家工业遗产名单》。

西藏文献典籍是西藏文化保护工作的又一重点对象。2009年,国家启动西藏古籍保护工程,成立了西藏自治区级古籍保护中心,完成西藏古籍登记普查工作,又开展了珍贵古籍和重点单位申报、古籍修复与数字化转换、宣传等工作。对以藏文为主的历朝历代各类文献进行收集整理,展开藏文文献汉文翻译工作,有助于西藏文化突破语言文字与地域上的局限,面向全国乃至全世界传播,也对新时期我国各地民众从更宽广的视角了解西藏社会历史、西藏与祖国关系史有着重要意义。从当今文化遗产类型的视角来看，这些珍贵古籍是我国宝贵的记忆文献遗产的重要组成部分。2013 年，中国元代西藏官方档案入选《世界记忆遗产名录》，2015 年，西藏自治区藏医院藏医文献研究所申报的金汁手写版和 16—18 世纪木刻版《四部医典》入选第四批中国档案文献遗产名录，2018 年，入选《世界记忆亚太地区名录》，充分体现了国家对藏文文献典籍文化遗产的重视。

西藏自治区重要农业文化遗产的认定和申报工作正在进行中，林芝市“藏猪传统养殖系统”、山南市乃东区“西藏第一块农田文化系统”、拉萨市“尼木县藏香用柏树文化系统”、拉萨市“当雄县游牧文化系统”被西藏自治区农业农村厅列为拟申报中国重要农业文化遗产项目。2020 年 6 月，中国农业博物馆和西南大学组成的联合考察组对这 4 处农业文化遗产地进行实地考察，根据我国重要农业文化遗产申遗标准和原则，对西藏四处农业文化遗产地申报事宜提出了具体意见，对西藏农业文化遗产的保护和发展提出了建设性的意见和建议。①

如果说上述遗产类型均在西藏行政区域内，那么茶马古道则是跨省域的交通遗产，是我国历史上中原农业地区和边疆游牧地区之间进行茶马贸易所形成的古代商路，以祖国内地与西藏地区进行的茶马互市的商道为主，沿途的每站都可以作为终点或者是起点，是世界上海拔最高、通行难度最大的高原古道②，也是汉族和藏族以及其他民族相依共存、友好互助的历史见证，这类交通遗产在世界遗产类型体系中被称为线路文化遗产。③ 多年以来，茶马古道作为遗产的重要性被越来越多的人所认可，2020 年，西藏也启

---

① 曾艺. 中国农业博物馆赴西藏调研农业文化遗产地[J]. 古今农业，2020(2)：120.

② 刘小方. 中国文化线路遗产的保护与旅游开发[D]. 成都：四川师范大学，2007.

③ 《实施〈世界遗产公约〉操作指南》(2019 年)附件 3 中第 22、23 段：遗产线路的概念丰富多彩，它提供了一种有效的构架，使相互理解、多种历史观共存及和平文化能在其中发挥作用。遗产线路由各种有形的要素构成，这些要素的文化意义来自于跨国界和跨地区的交流和多维对话，沿这条线路展开的运动在时空上交流互动。

动了茶马古道西藏段线路的调查工作。[①] 从上述西藏遗产保护行动中可以看到,西藏物质遗产突破了可移动和单一古建筑类型,形成了比较齐全的物质遗产类型体系,相应的保护理念也逐渐融入西藏物质遗产保护事业中。

西藏和平解放70多年来,西藏开展的文物保护行动说明,西藏考古和文物保护工作起步较早,不仅专业化程度日益加深,还做到了有法可依,培养出了本地的有生力量,具备了在新的社会发展背景下持续开展文物保护工作的能力和条件。以西藏"三大文物维修工程"为例,积极吸纳当地农牧民群众参与维修,共有18.9万以上人次参与维修施工,雇佣当地机械设备2万多台次,为当地农牧民创收2800万元。[②] 在这个过程中,不仅提高了农牧民收入,也为当地培养了一批民族古建维修专业人才,使西藏有国家认可资质的文物古建维修专业队伍从1家发展为6家。[③] 更重要的是,西藏文物保护工作从一开始就是中央援藏工作的重要组成部分,不仅有其他省(市)的高校、科研院所、文物部门的专业人员进藏从事文物考古和维修保护工作,不少高校还专门为西藏培养了文物专业人才,来自全国各地的文物专业人员和西藏本地干部、民众在具体的遗产保护工作中加深了了解,建立了友谊[④],铸牢中华民族共同体意识也随着西藏文物保护工作而不断深入人心。

(二)从民族活态文化保存向非物质文化遗产保护的飞跃

藏族先民不仅创造了灿烂的物质遗产,还创造出丰富的活态生活文化,充满了浓郁的青藏高原地域特色和民族风格,是中华文化的有机组成部分。

---

① 西藏自治区文化和旅游厅. 2020年度茶马古道西藏段第一阶段田野调查工作圆满结束[EB/OL]. https://www.mct.gov.cn/whzx/qgwhxxlb/xz/202007/t20200720_873610.html,2020-07-20.

② 张伟. 盛世瑰宝奏华章西藏三大重点文物保护维修工程纪实[J]. 中国文化遗产,2009(6):69-76.

③ 国家文物局,中国古迹遗址保护协会. 中国世界文化遗产30年[M]. 北京:科学出版社,2016:101.

④ 张建林. 陕西省支援西藏文物考古工作三十年回顾[J]. 考古与文物,2014(6):53-58.

西藏和平解放以后，在共产主义思想的引领下，国家对西藏民众世代相传的活态文化的保护也从未间断。

第一，在西藏民间口头文学与表演艺术的记录抢救与文献保存方面。20 世纪 50 年代，西藏就开展了对民族音乐、传统戏剧和舞蹈、民间文学的搜集整理和研究工作，1960 年出版《西藏歌谣》一书。从 1976 年开始，西藏自治区政府文化部门和研究机构组织人员抢救、记录格萨尔王传，形成了最全面最完整的《（格萨尔）艺人桑珠说唱本》45 部 48 册。据不完全统计，《格萨尔》全传至少有 226 部，100 万余诗行，包括汉文版在内的各类出版成果也相当可观[①]，形成了格萨尔学。20 世纪 90 年代以来，西藏陆续出版《中国民族民间文艺集成》（西藏卷）系列丛书，包括《中国戏曲志 · 西藏卷》（1993 年）、《中国民间歌谣集成 · 西藏卷》（1995 年）、《中国民族民间舞蹈集成 · 西藏卷》（2001 年）、《中国谚语集成 · 西藏卷》（2001 年）、《中国民间故事集成 · 西藏卷》（2001 年）、《中国戏曲音乐集成 · 西藏卷》（2003 年）、《中国曲艺音乐集成 · 西藏卷》（2007 年）、《中国曲艺志 · 西藏卷》（2007 年），与全国其他省市一道构筑起中华民族文化的万里长城。

国家还非常重视藏戏的发展，1960 年，西藏以觉木隆藏戏班为基础，选拔藏戏表演人才，并配置了汉族戏剧艺术人才，成立了西藏自治区藏戏团，藏戏表演形态基本定型。为进一步充实藏戏表演人才，西藏自治区还出资招收和培养藏戏年轻学员。经过长期努力，藏戏的表演形式逐渐从简陋的广场戏发展成为专业化的戏剧舞台表演艺术，用化妆艺术和脸部表情部分代替了藏戏面具，使藏戏表演的艺术性得到了提升。

第二，在西藏民间美术和手工艺发展方面。青藏高原伟岸雄奇的自然风光和藏传佛教文化赋予的想象力，使西藏人民对美好生活的追求也别具一格，由此形成了种类繁多的纺织工艺品、金属器具、石木雕刻、陶具、骨具、

---

① 西藏世界级英雄史诗《格萨尔》藏译汉工作完成半数[EB/OL]. 中国新闻网，https://www.chinanews.com/cul/2018/06-08/8533803.html，2018-06-08.

竹器等。为了保护西藏民间美术和手工艺,1979年,西藏自治区文化厅组织全区有影响的民间艺人在拉萨召开“民间艺人座谈会”,举办展览、出版图书。1982年西藏文联和美协曾联合对西藏民间美术进行普查,1985年在北京举办“西藏民间雕刻艺术展”,1989年出版《西藏面具艺术》。① 这都说明当时西藏已有很多有识之士意识到保护西藏民间美术的紧迫性,有的人还以相当强的文化自觉参与到西藏民间美术的保护中来,如西藏日报社的美术编辑益西喜绕,原本就是画师,熟悉西藏美术,用5年多时间完成了藏文图书《西藏造像量度及画法》。② 与附着于人身体上的音乐舞蹈戏剧曲艺等艺术不同,美术可形成肉眼可见可察可感的实物成品,因此,从具体保护方法上看,可以运用拍摄和绘画的形式对民间美术相关成品进行记录,并通过学理分析来了解其本质、特征及全貌。

通过上述保护方法,20世纪70年代至本世纪初,西藏民间美术领域出版了数目可观的配有大量精美图片的图书,这些图书既有记录式的专题画册丛书,也有以艺术学理论为指导,从不同视角、理论和方法切入对西藏民间美术展开分析的学术专著。③ 与古建有关的民间传统建筑技艺如唐卡绘画,则随着古建筑修复工程而获得了国家支持,以古建队为实体组织依托,以师徒传承、家族传承的传统教学方式培养人才,这种方式使得唐卡绘画技艺得到了较为完整的保留和高水平的接续,从业人员队伍也相对稳定,并涌现出唐卡绘画大师。④

用传统手工艺做出的藏香、藏药等产品与西藏各族民众的生活关系密切,具有很强的经济价值。为了扶持传统手工艺,从1980年开始,西藏自治

① 仓姆啦. 拉萨地区藏族民间手工艺研究[D]. 北京:首都师范大学,2012.

② 佚名. 西藏民族民间美术的资源及工作简况[J]. 西藏艺术研究,1989(1):42-44.

③ 熊永松,罗易扉. 西藏民间美术研究成果述评[J]. 南京艺术学院学报(美术与设计),2015(1):169-176.

④ 刘冬梅. 70年来西藏唐卡的传承与发展历程[J]. 中国藏学,2019(3):52-60.

区人民政府曾出台过若干鼓励和振兴手工艺的政策文件，从税费、补助资金、贷款等多方面扶持传统手工艺人，西藏民间手工技艺在品种类型、产量、经济效益、从业人员、技术创新、产品出口方面获得了迅速发展。也面临着一系列影响其传承的社会挑战。[①] 就这一时期的西藏传统手工艺研究来说，可参考《西藏的手工业和工艺品》(1996年)、《西藏的商业与手工业调查研究》(2000年)、《西藏传统民族手工艺研究》(2005年)等书籍。

总之，西藏民间活态文化的早期保护以静态记录和研究为主。2005年我国开始实施非物质文化遗产保护工作后，西藏民间活态文化的研究和实践才进入了更加符合其文化属性的新发展阶段。

第三，在西藏藏医药医疗事业的持续体系化、正规化发展方面。[②] 藏医药是我国传统医药的重要组成部分，在一千多年的发展过程中，藏医医疗为保护藏族民众的身体健康作出了重要贡献。1959年5月，在合并药王山医学院和“门孜康”的基础上成立了拉萨市藏医院，承担藏医临床医疗和人才培养的双重任务；1964年建立了西藏藏药厂；1980年9月1日，拉萨市藏医院更名为西藏自治区藏医院。西藏其他地区也相继成立了市级和县级藏医院，各市县人民医院设立了藏医科，藏医医疗组织体系逐步完善。

在藏医药人才培养方面，1983年，西藏自治区藏医院附属藏医学校成立，藏医药正规学校教育取得了突破性进展，该校延续藏医传统教学方式，学生必须熟背藏医药经典书目如《四部医典》《法行》《五气合算》等；1985年，西藏大学设立藏医系，使藏医高级人才的培养与现代高等教育结合起来，1989年，在合并藏医学校和西藏大学藏医系基础上成立了西藏藏医学院，可以看到藏医药的正规高等教育正在向专业化教学的方向不断发展；1991年，日喀则边雄藏医学校和山南地区松赞藏医学校成立，面向西藏农牧

---

① 亚西，扎呷. 西部大开发中的西藏传统民族手工艺[J]. 中国藏学，2003(2)：8-14.

② 许德坤. 简论西藏藏医药事业的发展[J]. 西藏民族学院学报，1993(2)：66-71.

区招生,以传统藏医教育方法为主培养藏医。可以说,西藏藏医人才培养逐渐与正规化、体系化接轨。西藏自己培养的大批高素质藏医药人才和对传统秘方、验方的抢救性保护满足了西藏广大人民群众的看病需求,获得了社会各界人士的肯定。

西藏藏医药研究也不断向前发展。1975 年,拉萨市藏医院研究小组编写了《新编藏医配方》一书。改革开放后,西藏组织权威藏医启动《中国医学·藏医药分册》撰写工作,整理抢救藏医典籍,相继出版《四部医典》及其注释《蓝琉璃》《秘诀补注》等典籍。西藏藏医院成了藏医药医疗、教学、科研、制药、历算的重要阵地。现在,以藏医院、藏医学校、制药厂为依托,藏医药已经形成了研发、制造、销售的一整套完整的产业生态体系。

二、西藏文化遗产的系统性保护和活化利用

(一)注重系统性是西藏文化遗产保护的新方向

2020 年,党中央在《中共中央关于制定国民经济和社会发展第十四个五年规划和二〇三五年远景目标的建议》提出,强化重要文化和自然遗产、非物质文化遗产系统性保护。这为我国文化遗产保护提供了全新的理论视角,与整体性保护视角相比,系统性保护更强调事物的动态联系性。

1. 西藏文化遗产的协同保护

随着社会的发展,西藏许多物质文化遗产与非物质文化遗产互为依存的发展趋势日益明显。通过上文的叙述可以看到,以西藏三大重点文物维修工程(2002—2009 年)为代表的西藏文物古建的修缮时间都比较长,这为 20 世纪末、21 世纪初藏族传统建筑技艺、壁画、唐卡、雕塑等非物质文化遗产项目新一代优秀传承人的出现提供了宝贵机遇。反之,没有这些非物质文化遗产传承人的参与,西藏传统古建、历史街区、古镇古村"修旧如旧"的复原工作就很难实现。而西藏农业文化遗产更离不开世居西藏的藏族群众掌握的传统生产知识、方式和地方生态知识,这是探讨西藏生物多样性、动植物功能和自然生态保护传统方法的基础。从这个意义上来

说，西藏农业文化遗产与非物质文化遗产在现实对象上是高度重合的。因此，我们虽在研究层面确认和划分了西藏遗产的类型，但在实际操作中却不能只保护该遗产的一个类型特征，过滤掉它具有的其他遗产类型的特征，这就需要对遗产保护进行统筹规划，综合考虑每个遗产具有的类型特性，实施系统性管理，由此，基于类型而形成的西藏遗产保护管理部门“各自为阵”的管理状态也应以系统观念为指导进行相应调整。

2. 西藏文化遗产的整体性发展

任何一类文化遗产都与周围的环境、周边民众的生产活动有着千丝万缕的关联。从上文中可以看出，西藏藏医药发展成就巨大，对它的保护，既涉及到非物质文化遗产层面的传统医疗实践、传承人培养和传承方式优化，又涉及到物质文化遗产层面的藏医药经典文献的保存、农业文化遗产层面的西藏生物多样性认知、产业层面的藏医药研发、生产和营销等各个方面。忽略其中任何一个层面或因素，都会对西藏藏医药整个系统产生危害，这就需要我们从整体性高度出发，动态系统地把握一项文化遗产涉及的各个侧面和要素，进而展开系统性保护管理工作。

3. 西藏各类遗产保护与利用系统的优化

进入21世纪，公众对遗产的观念发生了很大变化，文物时代“与公众隔离”的保护观念逐渐被“遗产保护与活化利用兼顾”的保护观念所替代。在西藏，各类遗产在得到保护的同时也成为公众文化教育和旅游的重要对象，融入市场经济，成为产业经营的对象，与西藏民众脱贫、就业的关系也日益密切起来。这一现实需求也要求我们结合西藏实际，用系统观来研究西藏各类遗产保护与活化利用的动态发展规律，博采众长，找到西藏各类遗产保护与利用系统的最优化路径。

（二）“活”起来是西藏文化遗产保护的新趋势

党的十八大以来，习近平总书记强调：“让收藏在博物馆里的文物、陈列在广阔大地上的遗产、书写在古籍里的文字都活起来，让中华文明同世界各国人民创造的丰富多彩的文明一道，为人类提供正确的精神指引和强大的精神动力。”[①]通过活化利用，在现代化背景下，不同类型的遗产可以延续自身功能或产生新的功能，更加走近公众生活。使遗产从伦理价值观、身份认同感、社会向心力等方面不断影响公众，从而推动公众积极参与遗产保护，这样才能使遗产保护具备发展维度上的重要意义。

目前，我国最早和最为普及的遗产活化利用形式还是举办文物和民间文化实物展览。为增进祖国内地广大民众对西藏文化的了解，1950 年我国就以“西藏文化”为主题在重庆地区举办过展览；1957 年，中央文化部文物局在北京故宫博物院举办以西藏佛教艺术为主题的图片展览[②]；20 世纪 60 年代西藏文物管理委员会举办过“西藏是祖国不可分割的一部分”主题展览；1981 年、1985 年、1997 年，西藏文物在北京等地举办过展览。1987 年，中国西藏唐卡文物在法国巴黎、日本东京展出；1999 年，西藏博物馆对公众开放。此后，随着西藏文化事业和企业组织的增多，西藏各类专题性文化展览逐渐发展成为一种常态。2003 年，以“西藏：世界屋脊上的珍宝”为主题的西藏文物展在美国首次展出。[③] 2020 年 3 月，以拉萨水泥厂工业遗址为地点，西藏美术馆开始建设，这使工业遗产有了新的用途和功能，成为西藏物质遗产活化利用的新范例。2021 年年初，建在拉萨市的西藏文化旅游创意园区内的西藏非物质文化遗产博物馆对公众开放。这些博物馆的建立和开放，不仅使拉萨有了新的文化地标建筑，也标志着西藏各类文化遗产的展示有了固定场所，在陈展上实现了人员的专业化和对外开放的常态化，在各类文化遗产收藏、保护、研究、展示、教育方面发挥着重要作用，成为公众了解西藏、共享文化发展的重要窗口与平台。

---

① 习近平在联合国教科文组织总部的演讲[N]. 人民日报，2014-3-28(3).

② 霍巍. 西藏文物考古事业的历史性转折——为西藏自治区成立 40 周年而作[J]. 中国藏学，2005(3)：192-200.

③ 刘世忠. 展现形象面真实的西藏 中国西藏文物展首次在美国展出[J]. 中国文化遗产，2004(2)：88-93.

青藏铁路通车后，去西藏旅游的游客逐年增多，西藏各类型的遗产成为游客的重要观光对象。在文旅融合不断发展的大背景下，西藏歌舞、传统节庆、高原美食，包括藏毯、藏纸、藏刀、木碗在内的藏族手工艺等西藏非物质文化遗产都不同程度地与旅游结合起来，成为国内外游客进藏消费体验的特色商品，为生活在这些非物质文化遗产传承产业链条上的西藏民众带来了经济收入，旅游也由此成为西藏非物质文化遗产创造性转化和创新性发展的重要路径。在此基础上，藏医药产业、唐卡产业、藏香产业、以藏族歌舞为主的演艺产业等非物质文化遗产产业也面向市场形成了更加成熟的自我循环产业生态体系，活化利用程度越来越高，产生了良好的经济效益。

总之，西藏和平解放70多年，也是西藏以文物考古为起点的文化遗产保护事业发展的70多年，国家对西藏文化遗产保护的政策与措施不断深化，文化援藏工作持续跟进，为西藏历史文明的演进、西藏民众文化创造力的发展提供了实实在在的见证物，在潜移默化中提高了人们的文化素质。在新的发展时期，那些国家投入巨资保护下来的各类文化遗产，使西藏文化的内涵更加丰富和完整，不仅让西藏民众引以为荣，也为全国人民提供了可以共享的公共文化。今后，如何在保护文化遗产载体和重要价值的基础上找到新的活化点，使民众获益，使遗产持续焕发出生命力，需要我们在西藏文化遗产保护实践中继续探索。

三、夏尔巴、僜巴概况

（一）夏尔巴

夏尔巴是我国的未识别民族之一，是一个跨境民族，主体部分居住在尼泊尔境内，总人口大约4万人；一小部分居住在我国西藏自治区日喀则市的定结县陈塘镇、定日县绒辖乡、聂拉木县樟木镇等地，总人口约有4600人。夏尔巴有民族语言夏尔巴语，但无文字，日常使用藏文。我国境内的夏尔巴与尼泊尔境内的夏尔巴多有亲戚关系，双方往来较为频繁。

（二）僜巴

僜巴是我国的未识别民族之一，是一个跨境民族。主体部分居住在被印度非法占领的我国藏南地区，大约有7万人。一小部分居住在林芝市察隅县下察隅镇，有2000人左右。僜巴有自己的语言，属于藏汉语系藏缅语族，分为“达让”和“格曼”两种方言，没有自己的文字，早期以刻木结绳记事。僜巴世世代代在原始森林中生活，与外界接触较少，西藏和平解放和民主改革后，在国家的帮助下，僜巴才逐步走出山林，搬到河谷台地生活，其文化也才慢慢被外界所知。

四、研究意义和研究方法

（一）研究意义

西藏未识别民族夏尔巴居住在中尼交界地带，僜巴居住在中印边境敏感地带，受地理条件制约其发展受到一定限制，从另一层面来说，这种阻碍也使其文化较好地保留了下来，为夏尔巴、僜巴的非物质文化遗产研究保留了原始样本，同时也可以为西藏文化多样性提供证明，有助于西藏文化保持多元化发展态势。

夏尔巴、僜巴生活的地区一直处于半封闭状态，社会现代化程度较低，很多非物质文化遗产与夏尔巴、僜巴民众生活密切相关，在他们的生活中占有重要地位，但这些非物质文化遗产很少被外界所知。就客观情况来看，夏尔巴、僜巴社会实现快速发展最快捷的途径就是发展旅游业，而非物质文化遗产是备受游客喜爱的文化资源。因此，进行夏尔巴、僜巴非物质文化遗产保护和旅游开发研究就显得非常必要，这对于保护西藏文化多样性也具有很强的理论价值，同时也必须要处理好夏尔巴、僜巴民众在实现现代化与对待非物质文化遗产的问题，使夏尔巴、僜巴民众在不断增强文化自觉的前提下，传承本民族的非物质文化遗产，发展旅游业，实现社会发展的目的，达到经济和文化的双赢。

因此，本课题具有很强的应用价值，通过对夏尔巴、僜巴非物质文化遗产的保护情况进行梳理，概括出这两个未识别民族非物质文化遗产保护和发展存在的问题，提出可行性建议，使夏尔巴、僜巴民众通过非物质文化遗产的保护和开发达到发展旅游业，实现社会发展的目的。

（二）研究方法

本课题主要采用民族学田野调查的方法获取第一手资料，在此基础上进行理论分析。从 2018 年至今，课题组成员先后 7 次到夏尔巴聚居的日喀则市桑珠孜区、定结县陈塘镇、定日县绒辖乡、聂拉木县樟木镇，僜巴聚居的林芝市察隅县下察隅镇进行田野调查，运用文献法、参与观察法、访谈法等调查方法展开全面细致的调查活动，并运用现代机器设备进行相关音频和视频数据资料的搜集。

第一章　夏尔巴的社会生活

夏尔巴自称“木雅巴”，又译为“弥药巴”“米涅巴”。“夏尔巴”是藏文音译，意为“东方人”，过去国内多译为“舍尔巴”“舍帕”“谢尔巴”等。关于夏尔巴的族源，学术界比较一致的看法认为夏尔巴是以“康地塞莫岗[①]木雅巴”为核心的若干支“康巴”部族组成的迁徙集团的后裔。在此基础上，针对“木雅巴”属于哪一支族群，又引申出三种观点：第一种观点认为夏尔巴源于藏族，其祖先同藏族是由观世音加持的猕猴和度母化身的罗刹女结合繁衍而来的，是“西藏六人种”（又称“藏人六氏族”）之一“董族”（又译“冬氏”）的亲属“格尔王”的后代；第二种观点认为夏尔巴是党项羌的一支，夏尔巴仅仅表示地理方位，“弥药巴”（又称“木雅巴”）表示族群的来源，据藏汉史籍多处记载，“弥药巴”号称猕猴种，本出于西羌，与藏族同源，自唐代以来被看作是党项羌的一支，他们于宋末陆续西迁后藏，形成今日的夏尔巴；第三种观点认为夏尔巴是西夏人的后裔，公元 13 世纪，西夏被蒙古所灭，一部分西夏人为躲避战争，从西夏南迁至西康，百余年后，再由西康西迁至后藏，后与当地的绒巴人通婚，开始繁衍后代，约 14 世纪辗转进入尼泊尔的索卢、昆布而形成夏尔巴，其中一支在 300 多年前迁入我国樟木地区。

① 康地塞莫岗指今金沙江和雅砻江中间地带，即今四川省甘孜藏族自治州的白玉、德格、邓柯、石渠等地。

第一节　聂拉木县樟木镇夏尔巴的生计方式①

一、聂拉木县樟木镇夏尔巴概况

图 1　樟木镇全景图②

西藏聂拉木县樟木镇是我国夏尔巴世代生息繁衍的主要区域之一，下辖樟木、帮村、立新和雪布岗 4 个行政村，此外，还有一个由 4 个行政村村民自发组建、新近形成的自然村——迪斯岗。4 个行政村中，立新村和雪布岗村是夏尔巴的传统聚居区；据传，立新村是夏尔巴的第一批先民焚烧森林后建立的村寨，已有 260 多年的历史，现在的村名是西藏和平解放后最早来此工作的汉族干部“张主任”命名的，取“新生”之意；雪布岗村原是立新村夏尔巴的一个后山牧场，19 世纪 30 年代，夏尔巴引进土豆种植后，食物增多，人口增加，雪布岗就由牧户的临时聚居点逐渐演变成一个新的夏尔巴村落；近百年来，从事我国和尼泊尔间货物贩运的夏尔巴商贩搭建的临时休息点构成了帮村和樟木村的雏形。

① 本节的大部分内容已被本团队以《夏尔巴的生计方式调查——以聂拉木县樟木镇为例》为题发表于《西藏民族大学学报》2015(5)。

② 由新华社西藏分社记者鲜敢同志提供。

1965年中尼公路修通，1966年樟木口岸开放，使当地与外界的交流更加便捷，各国登山队也不断造访此地，使帮村和樟木村作为物资中转点和人员休息地的地位愈发突出，不断涌入的藏族和汉族就与当地的夏尔巴一起组成了新的村落，形成了现在的帮村和樟木村。目前整个樟木镇常住夏尔巴人口为1372人，占整个樟木镇常住人口的85%以上，其中，立新村664人，雪布岗村300人，帮村182人，樟木村226人，新近形成的迪斯岗村，村民户口还在原来的4村之内。

二、夏尔巴的传统生计方式

人类的生计方式是不同族群为维持生活的办法及赚钱谋生的手段，在“靠山吃山”“靠水吃水”的传统社会中，自然地理环境对人类生计方式的选择起着决定性的作用，这在樟木镇夏尔巴中表现得非常明显。

（一）农牧业

历史上，立新村与雪布岗村是夏尔巴牧户的主要集中地，这两个村寨坐落在喜马拉雅山脉中段南坡峡谷的山坡上，平均海拔在2000米左右，村寨周围地形陡峭、山高谷深，平地极少，耕地不足给夏尔巴发展农业经济造成了极大困难。所以，在这里生活的夏尔巴在生计方式上只能依赖传统的牧业经济以及在房前屋后的平地上种植极其有限的农作物。

个案1：LSBJ[①] 是立新村牧户，50多年前，在立新村几乎不存在单靠种地为生的农户，LSBJ家也不例外。当时他家仅有3块田地，加起来面积不超过一亩，而拥有如此数量的土地在当时的立新村已经算得上是中等农户了。即使如此，LSBJ家每年收获的土豆还不够一家人一个季度食用，所以，放养黄牛，到聂拉木县城出售后换回粮食就成了LSBJ家必须要做的事情。

与立新村和雪布岗村比起来，帮村的地势要平坦许多，村民在很早以前便有意识地将村落附近较平坦的山地开垦成梯田式的田地。于是，帮村就

① 按照人类学的回避原则，我们对被访问者的姓名进行了必要的处理，文中个案均为本团队根据田野调查获得的资料整理而成，下文如无特殊说明，均属此类情况。

有了人少地多的优势，又因其距离最近的牧场——立新后山至少有 20 公里的山路，所以，帮村的夏尔巴主要以种田为生、兼营放牧。

图 2　樟木镇雪布岗村村委会[①]

个案 2：CRBM 是帮村农户，家里有十几块零散的土地，加起来的面积大约有 3 亩，只能算是该村的中下等农户。CRBM 家每年单靠种植土豆就能解决家里 6 口人的口粮，但为了使生活更有保障，他家还放养了 3 头母黄牛和 2 头母犏牛。在聂拉木县一头一岁的小黄牛可卖 4000 多元，一头有相同年龄的小犏牛可卖 3000 多元。CRBM 家每年都会把家里一岁大的小牛仔卖掉，加上出售奶制品，每年能有 12000 元的收入，这些收入主要用于购买更多的粮食和蔬菜，满足全家人的日常用度。

（二）背夫和向导

在过去的很长时间里，农业和牧业都没有在樟木村夏尔巴的生计方式中占据过主导地位。因为靠近樟木镇市场和中尼公路，以前这里的夏尔巴多靠替雇主背运货物、替各国攀登珠峰的登山队做背夫和向导赚

① 该照片为本团队成员拍摄，下文中如无特殊说明，均属此种情况。

钱,一些在登山界有名的夏尔巴背夫和向导大多出自樟木村。

个案3:CLM以前是樟木镇上的背运工人,靠为其他省市来的商户背运货物、替尼泊尔人送货过境赚钱。在他所在的樟木村里,许多夏尔巴男人都会像他一样,常年依靠做背夫赚钱。他们之中,有的人甚至为了能多赚点钱,替国外的登山队往珠峰上背运仪器。2004年,CLM在为一名区外来的商人背运货物时,不小心跌下了山坡摔伤了腿,从那以后便再没有做过背夫。

(三)竹编业

夏尔巴的传统手工技艺中,竹编首当其冲,在樟木镇各村都有人用竹编产品换取现金、补贴家用,其中又以帮村竹编最为著名。夏尔巴编织的竹器种类主要有竹篓、竹席、竹篮、竹筐。在编织竹器分工上,男人一般负责上山砍竹、在家劈竹、削竹、刮竹,而女人则负责把男人收拾好的竹条和竹篾编织成各种各样的竹器,再由男人把这些竹器背到樟木镇或聂拉木县集市上出售。竹器的价格根据大小和种类的不同,售价在20—120元不等。竹编工作有很强的季节性,只能在夏季进行,一旦冬季来临,当地林业部门便会封山,人们也会因为竹源断绝而暂时停工。

个案4:LBZM非常擅于编织"甲杂"(竹漏斗)、"拉布杂"(竹筐)、"兴杂"(竹篓)等竹器。在家里,LBZM的丈夫主要负责上山砍伐竹林和做前期的准备工作,LBZM则负责编织。就编织时间来说,LBZM2个小时就能编织一个"甲杂",4个小时可以编织好一个"拉布杂",大半天时间才能编好一个"兴杂"。就价格而言,一般一个"甲杂"可以卖25元,一个"拉布杂"可以卖60元,而一个较大的"兴杂"则可以卖到80元,仅在一个夏季,LBZM家就能依靠竹编获得5000—7000元的收入,这是她家重要的现金来源之一。

三、夏尔巴生计方式的变迁

樟木镇在经过三十多年的经济快速发展之后,城镇面貌发生了翻天覆地的变化，夏尔巴的生活水平更是得到了极大提高，传统的农牧结合的生计方式也发生了根本性转变，出现了很多新型生计方式，逐渐取代了传统生计方式，成为夏尔巴获取现金、发家致富的主要渠道。

（一）农业经济的升级——蔬菜大棚的崛起

改革开放之前，樟木镇的夏尔巴种植农作物的种类仅有土豆、玉米、白菜和辣椒，品种单一、土地分散、收成有限、自种自食是那一时期夏尔巴传统农业的突出特点。改革开放之后，随着外来人口的增加，樟木镇日益增加的蔬菜需求，让来此谋业的汉族人最先嗅到了商机，开始以每年 600 元/亩—1700 元/亩的价格租赁土地，进行大棚蔬菜的试种并取得成功。后来，聂拉木县为了鼓励夏尔巴自己经营大棚蔬菜种植，开始分批对樟木镇夏尔巴农户进行大棚蔬菜种植的技术培训，并免费为他们提供大棚蔬菜种植所需的一切材料和技术指导，每年还会为种植大户发放 5000 元的菜种补贴，使得大棚蔬菜种植业得到快速发展，既满足了人们的生活所需，又增加了菜农的经济收入。

个案 5：BMDJ 是帮村比较大的农户，拥有 13 块土地，大约 8 亩，一直用于种植传统农作物。2000 年时，有汉族商人登门拜访，租下她家的 5 亩地用于经营蔬菜大棚，收入很高，她看着特别羡慕，但苦于不懂技术，担心投入资金后亏本，一直不敢尝试。后来，她参加县里组织的蔬菜大棚技术培训后，也开始种植大棚蔬菜，现在拥有 2 亩大棚蔬菜地，主要种植菠菜、青椒和大葱，除了自己吃，还在樟木镇或聂拉木县城售卖，每年可收入 15000 元。

（二）牧业经济的升级——牛奶加工厂的诞生

牧业曾经在樟木镇立新村、雪布岗村和帮村夏尔巴的生计方式中占据主导地位，尤其是立新村和雪布岗村的村民几乎家家户户都以放牧为生。牲畜主要是黄牛和犏牛，其中，犏牛是牦牛和黄牛杂交所生，因其所产牛奶出酥油的产量高，所以深受大牧户的青睐，黄牛的产奶量大，一般小牧户会饲养。因为地形限制，樟木镇适合放牧的牧场只有立新村后面的3座草山，虽然草场有限，但牧户却很少会变卖老牛群，平常只是靠卖牛仔和奶制品来维持日常生计。所以，牧场有限、牲畜品种和畜牧产品单一是那一时期樟木镇牧业的突出特点。现在，整个樟木镇共有44户牧民，其中又以立新村最多。

个案6：SZ是樟木村养殖规模最大的牧户，十几年前，他最多只放养过40多头黄牛和犏牛。2008年，SZ在樟木镇超市里看到加工后的成品奶卖价高、销售好，所以，他决定联合樟木、立新、雪布岗3个村中几个大的牧户一起筹建牛奶加工厂。无奈他的提议没有得到其他牧户的响应，但这些牧户却答应待他的厂子建好后，愿意将所产牛奶的一半以赊账的形式供应他两年。有了充足的奶源后，他便卖掉了家里所有的牛，又四处筹措经费，终于在2010年建成了他的牛奶加工厂。现在，SZ的牛奶厂的效益非常好，每年大约有40万元的经济收入。

（三）以商业为中心的新型生计方式

1983年，樟木被划为西藏自治区唯一国家级陆路通商口岸，每年西藏自治区有超过一半的进出口货物都会在此进行交接，货物种类非常丰富，各种日常用品、西藏特产、电子产品和机器设备无所不包。2004年，樟木口岸的中尼边境贸易额首次突破1亿美元大关；2010年，突破了5亿美元；2014年，达到了20.67亿美元。

1. 边境贸易

在樟木镇通往中尼边境友谊桥的公路中部，有一个新近形成的夏尔巴聚集地——迪斯岗村。在迪斯岗村生活的村民，大部分都是来自樟木镇下辖的4个行政村的年轻人，其中，以立新村村民数量最多。这些年轻人聚集到迪斯岗，最初目的并不是要组成一个新村，而是为了能够利用迪斯岗村的优越地理位置来做边贸生意。目前，樟木镇的夏尔巴从事边贸生意的人占到总人数的80%，差不多家家户户都有人在经商，使商业成为樟木镇夏尔巴最主要的生计方式。

图 3　樟木镇夏尔巴从尼泊尔买入的香米

图 4　夏尔巴经营的畅销化妆品

个案 7：CRDJ 家境贫穷，17 岁在聂拉木县读完初中便辍学打工，先后干过餐厅服务员和旅馆收银员；19 岁时，转行到一个温州人开的大型化妆品专卖店做推销员，因业绩突出，很快便被提拔为店长；20 岁时，便考虑辞职后自己做生意；21 岁时，辞去化妆品店长职务。在温州老板的帮助下，在迪斯岗村开了一家化妆品专卖店。经过 3 年的发展，现在这家店由 CRDJ 和自己的两个表妹共同经营，进货地点从国内转移到加德满都，每年 7—8 月的旅游旺季，每月营业额都在 10 万元以上，即使在销售淡季，每月的营业额也在 2 万元—3 万元，抛掉成本，CRDJ 每年都有十多万元的净收入。

2. 货币兑换

图 5　樟木镇夏尔巴持有的尼泊尔货币

随着中尼边境贸易规模的不断扩大，商人们对现金的需求量也在不断增多，催生出了一批专门从事货币兑换的职业商人，他们以兑换人民币和尼泊尔卢比为主。目前，在樟木口岸，一共有 8 家货币兑换公司，其中，有 6 家是由夏尔巴创建的，是一种独特和新型的微型民间金融机构，时间最长的已经营了近 20 年之久，时间最短的才刚满 5 年。因为我国相关金融规定的要求，自尼泊尔来樟木口岸或要从樟木口岸过境到中国去旅游、经商的外国游客和商人，必须在经过樟木口岸时就把所携带的卢比或其他外币兑换成人民币。而在尼泊尔,虽然人民币在首都加德满都可以流通,但其他地方的人对人民币的认可度较低,如果有中国人要到尼泊尔旅游或经商,事先没有兑换好尼币,那么他在除加德满都以外的地方,寸步难行。虽然设在樟木口岸的中国农业银行、邮政储蓄银行也可以从事中外货币兑换业务,但因为严格按照汇率浮动兑换和手续的烦琐,人们更喜欢到经营方式灵活的货币兑换公司去进行兑换,即换即走,不用长时间等待。因为经济效益很好,使从事货币兑换的人员很快成为了樟木镇的富裕户。

个案8:CF是藏族人,2005年,她独自到樟木镇打工,起初主要从事饭店收银员的工作,后来在朋友的引荐下进入货币兑换公司上班,并在此结识了现在的夏尔巴丈夫。2008年,她和丈夫结婚后就一起辞职,创建了自己的货币兑换公司,在樟木镇的8家货币兑换公司中,她的公司成立时间排在第3位。每年8月份是樟木镇旅游和边境贸易最旺盛的时期,10月份我国的藏族人要去尼泊尔出售虫草,尼泊尔人过新年也要来樟木镇采购年货,这几个时间段都是货币兑换的黄金时间,每兑换一万元人民币,兑换公司要收取200多元的手续费,一个月能兑换2百万元—3百万元人民币,收入5万元—6万元。即使在淡季,每兑一万元人民币,兑换公司也要收取120元的手续费,月收入在1万元以上,因为兑换货币不费体力,所以货币兑换公司一般都雇佣女工。

3. 报关公司

在樟木口岸,还有8家报关公司。这些报关公司是依照我国法律规定,经樟木口岸海关部门准予注册登记,接受进出口货物收发人的委托,以进出口货物收发货人的名义或者以自己的名义,向海关办理代理报关业务,从事报关服务的境内企业,简单来说就是指替别的公司办理进出口货物手续的代理收发公司。樟木口岸的这8家报关公司的规模并不大,2006年创建的"家业进出口贸易有限公司"有8名员工,是当地最大的报关公司,规模最小的公司仅有2人。虽然樟木口岸的报关公司数量不多,规模不大,但只要是从樟木口岸进出口的货物，近半数都会经报关公司挂牌代理收发，其重要性不言而喻。一般情况下，公司贴标报关的货物是按车计量的，大车货物收费1500元，小车货物收费800元。在业务量大的时候，公司老板为鼓励员工加班，一般都会为员工在每月15000元的底薪基础上，再多发5千元—6千元奖金。这8家报关公司基本上都是夏尔巴在经营，所以，这也成为夏尔巴不可或缺的谋生方式。

个案9：ADZ是“西藏巴布进出口贸易有限公司”的老板。大学毕业时，他顺利地考到了报关员从业资格证，于是他便进入当时樟木镇最早成立的“家业进出口贸易有限公司”打工。经过一年的锻炼，熟悉报关业务后，他选择了辞职创业，于2012年创建了“西藏巴布进出口贸易有限公司”，这是樟木镇成立的第5家报关公司。目前，ADZ的报关公司有4名员工，每年7—8月的旺季、尼泊尔新年前夕，公司每天的纯收入能达到2万元—3万元。

（四）与旅游业相关的生计方式

旅游目的地发展旅游，是因为旅游能给他们提供经济效益，同时也为了从旅游所创造的财富中自然产生社会效益。现在到樟木旅游和通过樟木口岸去尼泊尔旅游的游客数量很多，这使樟木镇的旅游业得到迅速发展，每年7—8月份，每天大约有2000人进入樟木镇，给当地的旅游接待带来很大的压力，但也带动了与旅游业相关服务行业的发展。

1. 出租车行业

改革开放以来，樟木镇的旅游业发展迅速，每年7—8月，来樟木游玩、过境的祖国内地和国外游客数量都会达到全年的最高值，由于人员流动的需要，樟木镇出现了出租车行业。目前，樟木镇共有50多辆夏利牌出租车，绝大多数司机都是夏尔巴，具有熟悉地形、路况的优势。因为国道318线樟木段山路狭窄、陡峭、弯道众多，乘坐当地人开的出租车进行观光旅游明显比自驾游和乘坐旅游大巴更为安全和方便，所以，许多游客开眼看樟木的第一眼便是在樟木镇的出租车上。每逢旅游旺季，樟木镇出租车司机的收入就会从平时每月 3 千元—4 千元暴增至 1 万元—2 万元,这给出租车司机带来了丰厚的收入,促进了出租车行业的发展。

个案 10:AWJZ 是樟木镇的出租车司机,他以前靠开货车赚钱,后来有了资本,又感到开货车风险太大,所以,就在帮村亲戚的帮助下,转行做了樟木镇的出租车司机。AWJZ 表示一般来樟木镇游玩的散客,大部分都会选择坐出租车,每年旅游旺季时,他就会把收费标准从按里程计费改为按人头计费,还会上浮价格。目前,和 AWJZ 一起在樟木镇开出租车的帮村夏尔巴司机有 5 人,他们跑得最多的路线是樟木镇到友谊桥段,十几公里的路程,单程收费 20—30 元。此外,还经常被游客包车跑樟木镇—聂拉木县城、樟木镇—日喀则市的长途路线。

2. 导游业

一般到樟木镇旅游的祖国内地或国外游客,都会被樟木镇奇异的自然风光、夏尔巴独特的民俗风情、别具一格的风味小吃和廉价的尼泊尔商品所吸引,但若无当地导游进行引导和讲解,游客很难了解到这些旅游资源所具有的真实人文内涵,因此,雇用一名当地导游就成为很多游客的必然选择,这使导游行业得到快速发展。从事导游行业的大多是夏尔巴年轻人,他们继承了先辈“敢于犯险,不怕受累”的拼搏精神,再加上熟知当地神话传说、历史典故,具有语言优势,很多年轻人都在导游行业上取得了成功。

个案 11:SLDZ 是专职导游,16 岁初中毕业后便跟着父亲经营餐馆生意。因为有一次在接待尼泊尔客人时,他非常流利地使用了尼泊尔语,被在一旁吃饭的广州老板相中,以每月 2000 元的底薪雇他做旅游中介所的尼泊尔语翻译,从此,他便与旅游业打上了交道。他在后来的工作中发现,自己做行政接待虽然底薪略高,但几乎没有提成,与带队的导游相比,收入差距很大。于是,他拿到导游资格证书后就向老板提出要带赴尼泊尔的旅游团队,得到老板的允许。这 3 年来,他一共带过 100 多个旅游团队赴尼泊尔旅游,每年能有 6 万元左右的收入。

3. 餐饮业和住宿业

餐饮和住宿作为衡量旅游景区接待能力强弱的指标，取决于旅游业的发展速度，同时也是制约旅游业发展的重要因素。随着旅游业的快速发展，樟木镇也出现了新的问题——游客的吃饭问题和住宿问题。在改革开放之后，旅游业成为樟木镇发展最快的行业之一，在旅游业直接带动下，樟木镇的餐饮业和住宿业快速发展起来。如今，樟木口岸各类风味的餐馆比较齐全，其中又以川菜馆数量最多。各种档次的宾馆有70多家，其中夏尔巴开的家庭旅馆就有近50家，最大限度地调动了当地老百姓的积极性，促进了农牧民就业。

图6　樟木镇夏尔巴制作加加面

个案12：DJY2010年高中毕业后来到财缘宾馆做服务员，主要负责换洗被褥，每月可拿到1800元工资。2012年，DJY被调到前台做接待工作，工资也涨到了每月3000元。2013年，因业务出色，他被总经理提拔为大堂经理，工资也涨到了每月6500元，并且享有奖金和带薪休假的待遇。这两年也恰是财缘宾馆生意最好的时期，以前宾客房间的价格多集中在80—200元，现在的房间价格提高到了200—400元。其他宾馆的情况也和财缘宾馆一样，步入了发展的黄金期。

四、夏尔巴生计方式多元化的原因分析

樟木镇夏尔巴的生计方式发生变化的时间节点以改革开放为界，20 世纪 80 年代以来，夏尔巴传统的生计方式得到了升级和拓展，一些新型的生计方式逐渐取代传统的生计方式。现在，夏尔巴的生计方式表现出多元化的发展态势。

（一）国家政策的大力扶持在夏尔巴生计方式的变化过程中发挥了重要作用

图 7　樟木口岸①

在樟木镇，大到口岸定位，小到边民谋生，处处都显示出国家优惠政策带来的好处。1966 年，樟木口岸开放时，由于种种原因，樟木虽设口岸但并没有真正发挥实质性的作用。改革开放之后，国家提出以经济发展为中心，大力搞经济建设，1983 年，国务院批准樟木镇成为我国西南边疆国家一级陆路通商口岸，口岸的功能也被定位为振兴西藏经济，出口辐射南亚。为鼓励边民贸易，延长了边民证的有效期限，把边民免税的贸易额增加到每日 8000 元。2008 年，中尼双方签订协议，允许双方边民在持有边民证的情况下，在彼此国界线 15 公里的范围内自由出入，以友谊桥为中心，这个范围可辐射

① 由新华社西藏分社记者鲜敢同志提供。

30 公里。经过 30 多年的发展，边境贸易的政策更加宽松。如今，我国货物主要经樟木口岸出口至尼泊尔、印度、孟加拉国等地，进口货物则主要来自尼泊尔和欧洲，对南亚的经济影响力和辐射面日益扩大。樟木镇经济的繁荣正是夏尔巴生计方式发展变化的最好体现。

（二）优越的地理位置为夏尔巴生计方式的多元化发展提供了先天条件

图 8　国道 318 终点——聂拉木县人民广场

樟木镇地处我国西藏自治区的南部边陲，东、南、西三面与尼泊尔接壤，南距中尼边境友谊桥 13 公里、距尼泊尔首都加德满都 120 公里，北距聂拉木县城 30 公里，距日喀则市 473 公里，距西藏首府拉萨市 736 公里，地理位置非常优越。从拉萨至樟木口岸，南北贯通的国道 318 线，又恰好把拉萨、日喀则、江孜、聂拉木、樟木口岸等地（市）紧紧连接成了一个整体，形成了西藏经济发展比较繁荣的一条经济带。因而，对北，樟木镇是尼泊尔、印度、孟加拉国商人和货物，甚至欧洲、美国、日本等地的货物和游客进入西藏的必经之地；对南，樟木镇又是西藏货物、游客和商人出境到尼泊尔或南亚的必经之地，也是祖国内地货物、游客和商人从西藏出国的过境之地。这样优越的地理位置促进了樟木镇经济的迅速发展，创造出了市场经济条件下众多的谋生行业,也为夏尔巴多元化的生计方式提供了可能。

（三）日益完善的交通线路为夏尔巴生计方式的拓展提供了基本条件

1965年,北起上海吴淞口,南至西藏樟木镇的国道318线建成通车,西藏和祖国内地的联系更加紧密,樟木镇第一次搭上了祖国内地经济发展的快车。改革开放以来,国家为促进西藏经济快速发展,首先对西藏的贸易关口樟木镇加大了资金扶持力度,将樟木镇的主要街道全部用碎石进行硬化处理;2000年,樟木镇的主要街道全部改为水泥路面;2014年年初,国家拨款3500万元,投资樟木镇的乡道铺设。如今,不但樟木镇的主要街道,就连村道也都铺成了水泥路面。“要想富,先修路”在樟木镇已不再只是一句空洞的口号,而是落到了实处。现代化的交通线路为樟木镇经济社会的快速发展奠定了基础,极大地促进了边境贸易、出租车行业、大棚蔬菜种植、旅游业和物流业等行业的发展,使夏尔巴的生计方式越来越多种多样。

图9　接受采访的夏尔巴

（四）夏尔巴的自身优势在现代市场经济的大背景下得到充分发挥

樟木镇夏尔巴自身所具备的语言优势也是促使他们选择新型生计方式的原因。目前樟木镇有超过80%的夏尔巴以做边贸生意为生,其中,超过 80%的是 30 岁以下的夏尔巴年轻人。因为是跨境民族的缘故,这些年轻人从小受家庭的影响,都能熟练使用夏尔巴语、藏语、汉语、尼泊尔语等语言,一些人还能说英语。因为樟木镇所接待的游客或商人多是来自祖国内地或国外,如果经营边贸生意的夏尔巴没有掌握多种语言,那么他在做生意时便很难与各国顾客进行有效的沟通,影响生意。夏尔巴年轻人正是掌握了多种语言,能够毫无障碍地与各国商人打交道,才使得生意进行得比较顺利。

综上所述,樟木镇夏尔巴的生计方式正在由传统的“农牧相济,背夫、竹编相辅”的模式向现在的“经商为主、服务业为辅”的模式转变,在现有的模式中,夏尔巴的自身优势得到最大程度的发挥。经过三十多年的市场经济引导、内外文化调适、社会大环境的变化,逐渐把樟木镇纳入国际国内大市场的同时,也改变了樟木镇的发展轨迹,影响到了夏尔巴生计方式的选择。这是樟木镇的区域小环境融入外部社会大环境的真实反映。

第二节　聂拉木县樟木镇夏尔巴的婚俗和葬俗①

夏尔巴认为儿女都是继承了父系祖先的“如”,字面意思为“骨”,因而所有同一父系祖先的后裔均源于一个“骨系”,这种观念与广为流传的“血缘纽带”观念相似。夏尔巴的氏族关系是以“骨系”认同观念为基础的,它是夏尔巴社会人群结合的重要纽带。

樟木夏尔巴主要有“色尔巴”“嘎尔扎”“萨拉嘎”“加巴”“翁巴”五大父系氏族组成。传说五大氏族的起源与牦牛有关,牦牛身体的不同部位代表着不同的氏族,牛角代表色尔巴氏族;牛头顶部的白毛代表嘎尔扎氏族;牛脖子代表萨拉嘎氏族;牛脊背代表加巴氏族;牛尾巴代表翁巴氏族。最初,

① 本节大部分内容已被本团队以《传统沿袭与现代变迁:樟木夏尔巴的婚俗调查》为题发表于《西藏民族大学学报》2015(6)。

五大氏族按照从牛角到牛尾的顺序划分高低贵贱，“色尔巴”氏族最为显贵，“翁巴”氏族最为低贱，后来这种贵贱意识不复存在，五大氏族之间形成了平等相待、共存共荣的新型关系。

图 10　讲述五大父系氏族传说的夏尔巴

夏尔巴利用氏族传统和地缘关系发展出了一套社会治理模式，每个氏族内部在遵循氏族社会规则的前提下又依据地缘关系分为若干个小组织，主要在开展宗教仪式、婚丧嫁娶、互助劳动等社会活动时发挥作用。每个小组织都会通过内部民主选举的方式推选出一名德高望重、具有较高威信的长者担任“首领”，称为“阿亚”，这个职位可以轮换，组织内部任何公共事务都要征求“阿亚”的意见，组织成员也要服从“阿亚”的决定。时至今日，这种社会治理模式仍然发挥着一定的作用。

一、夏尔巴的通婚形式

历史上，夏尔巴曾存在一夫多妻的婚姻形式，现在已完全被一夫一妻制所取代。过去夏尔巴曾禁止与其他民族通婚，但在 20 世纪 50 年代以后，特别是改革开放以来，夏尔巴的外婚禁忌被逐渐打破。当前，樟木夏尔巴在与本地夏尔巴通婚的同时，也与藏族、汉族通婚。

(一)本地族内婚

本地族内婚是樟木夏尔巴最传统的婚姻形态。本地族内婚又可以分为村落内通婚和村落间通婚两类,其中村落间通婚更为普遍。据调查,当前夏尔巴在自己所属的村落内寻找结婚对象已十分困难,因为夏尔巴严格禁止同家族通婚,即“色尔巴”“嘎尔扎”“萨拉嘎”“加巴”“翁巴”五个氏族内严禁通婚,而同一村落内的村民几乎是同家族亲戚,村落间通婚便成为小地域内夏尔巴通婚的有效方式之一。

樟木镇下辖四个行政村,分别为立新村、雪布岗村、帮村和樟木村,其中立新村和雪布岗村内夏尔巴人口比例最高,两个村子的夏尔巴相互通婚、互为姻亲的现象相对于夏尔巴人口比例较低的帮村和樟木村更为明显。

个案1:68岁的老人AWLB是樟木雪布岗村的夏尔巴,他和妻子一共生育了5个孩子。60岁的DB是樟木立新村的夏尔巴,他和妻子一共养育了10个孩子。两位老人的孩子们都已成家,结婚对象互为立新村和雪布岗村的夏尔巴。

由于普遍通婚,立新村和雪布岗村夏尔巴村民之间的关系十分友好,在村民婚丧嫁娶等大事上,两村几乎家家都会主动参与。

(二)跨境族内婚

樟木夏尔巴的跨境族内婚即与尼泊尔境内的夏尔巴通婚,这种婚姻形式在樟木的历史上早已存在,而且近些年来通婚的数量日渐增加。以樟木镇樟木村为例,全村162户人家中,正式登记与尼泊尔方通婚的有8户,还有一些没有登记在案的通婚户。具体而言,当前樟木夏尔巴跨境族内婚具有以下特点:

1. 地缘式的族群内通婚

樟木夏尔巴跨境婚姻的对象几乎全部是尼泊尔夏尔巴,调查中尚未发现有尼泊尔其他族群嫁入或入赘樟木。究其原因,主要是两国夏尔巴拥有共同的祖先记忆、历史文化和生活习惯,彼此之间的婚姻结合有天然优势。

图 11　从尼泊尔嫁到樟木镇的女性

从调查访谈来看,樟木夏尔巴的跨境婚姻对象大部分来自毗邻中尼边境樟木段的尼泊尔乡村。如尼泊尔夏尔巴女子 BS 是从距樟木镇 25 公里之外的 HINDI 地方嫁入的;QZ 是从距樟木镇 41 公里之外的 Bahrabise 嫁入的;MMLM 从樟木回娘家则只需要步行一个小时。

2. “熟人社会”式的通婚

中尼双边的正常交往和边境贸易的繁荣,为樟木夏尔巴的婚姻提供了直接条件。1955 年中尼两国正式建立外交关系,特别是 1965 年樟木被确定为我国陆路口岸之后,两国边境地区的夏尔巴越来越多地参与到边贸活动中,增加了彼此之间的交往和了解,使夏尔巴跨境婚姻成为可能。

由边贸活动及亲朋关系而建立起来的跨境夏尔巴“熟人社会”成为促成夏尔巴跨境婚姻的资源圈与平台。如樟木镇雪布岗村夏尔巴 LBCR 和 PBCR 兄弟俩的妻子都是尼泊尔同一个村子里的“老乡”。哥哥 LBCR 先结婚,婚后尼泊尔妻子认为樟木生活条件比较好,于是介绍了自己村子里关系很好的女孩子与丈夫的弟弟 PBCR 结婚。

3. “尼女入樟”式的族内婚

樟木夏尔巴与尼泊尔夏尔巴的通婚很早就已存在,但与过去相比,当前跨境通婚中以尼泊尔的夏尔巴女性嫁给樟木夏尔巴男性的情况居多，而过去樟木夏尔巴女性嫁给尼泊尔夏尔巴男性、双方男性相互入赘的现象近些年来已呈现下降趋势。

图 12　从尼泊尔嫁到樟木镇的女性(前排抱小孩者)

出现这种变化的原因主要是两国边境地区经济发展和边民生活水平差异增大所致。20 世纪 50 年代以前，中国边境樟木段与尼泊尔边境的经济发展水平不相上下，边民生活水平也基本一致，当时双方边民的通婚并没有“一边倒”的现象。但自从 20 世纪 60 年代樟木口岸建成，樟木经济发生了翻天覆地的变化，社会环境的安定、物质的丰富及夏尔巴生活水平的日渐提高，极大地吸引着边境线以南的尼泊尔夏尔巴，尼泊尔夏尔巴女性希望借与樟木夏尔巴通婚的方式改善自己和家人的生存状况。

按照夏尔巴的传统婚姻习俗，男方要花费较多的金钱购置彩礼、置办婚礼，在这样的情况下，尼泊尔男性要借助跨境通婚提高生活水平几乎是不可能的。从调查访谈来看，有些尼泊尔女性为了嫁到生活环境更好的中国，在男方不给聘礼、不举办婚礼的情况下都会随男方来到樟木生活。

个案2:尼泊尔夏尔巴女子ZM在17岁的时候经朋友介绍认识了到尼泊尔做生意的樟木夏尔巴NM,尽管NM没有到ZM家提亲,ZM还是和NM结婚了。在第一个孩子3岁,ZM又怀了第二个孩子的时候,NM和ZM才在樟木举办了婚礼。NM没有给ZM送任何聘礼,ZM身上佩戴的首饰,都是婚前她自己买的。即便这样,ZM家里的长辈认为,ZM嫁到中国会比在尼泊尔生活得更好。据ZM称,从尼泊尔嫁入樟木的夏尔巴女子大概有150人,从樟木嫁到尼泊尔的夏尔巴女子却很少。

个案3:尼泊尔夏尔巴女子ND,与在尼泊尔做生意的樟木夏尔巴在尼泊尔相识,一年后两人结婚。当时ND的丈夫带着青稞酒去她家提亲,ND的父母已经去世,其他长辈做主将她嫁到了樟木。两人的婚礼在立新村举办。据ND称,从尼泊尔嫁到樟木的不仅有女子,还有男子。

除了"尼女"嫁入樟木的主流之外,也存在尼泊尔男性入赘樟木和樟木夏尔巴女性嫁到尼泊尔的情况。

图13 入赘到樟木镇的尼泊尔人ML(中间骑摩托车者)

个案4:樟木立新村夏尔巴女子DZLM,2006年与自尼泊尔到樟木务工的夏尔巴ML结婚,两人的婚礼分别在尼泊尔和立新村举办,立新村及雪布岗村的夏尔巴每家都有人前来祝贺,赠送红包,礼金归女方,男方算是入赘女方。婚后,DZLM与ML常住立新村,经营了一家小商店。

个案5:樟木雪布岗村夏尔巴女子SM,有10个兄弟姐妹,其中两个妹妹QZ和ZX在七八年前嫁到了尼泊尔,至今仍与SM保持联系。樟木夏尔巴过年的时候,妹妹们会回来这边,过完年再返回尼泊尔。

(三)族际通婚

樟木夏尔巴族际通婚的对象主要是拉萨及日喀则地区的藏族。拉萨作为西藏自治区首府,是西藏地区经济较为发达、开放度较高的城市,樟木夏尔巴商人在商业活动中经常与拉萨的藏族商人打交道,拉萨藏族商人也会到樟木从事商贸活动,这些活动促进了樟木夏尔巴与拉萨的藏族人之间的频繁交往,成就了樟木夏尔巴与拉萨的藏族人通婚。

个案6:樟木帮村夏尔巴DW,妻子为拉萨达孜区的藏族姑娘PZ。PZ以前在樟木开饭馆时与DW相识结婚,目前孩子已经10岁。

个案7:樟木镇立新村夏尔巴SLCZ,妻子CF为拉萨的藏族人。2006年,CF到樟木做货币兑换生意,与同行SLCZ结识,两人相恋1年后结婚。现在夫妻俩在樟木迪斯岗村生活,仍做货币兑换生意,育有2个孩子。

此外,由于地域上相连,樟木夏尔巴与日喀则地区的藏族不可避免地会发生交往,为相互通婚提供了便利条件。

个案8:樟木夏尔巴PBCL,1999年,PBCL在工作中与刚刚从西藏大学毕业后分配到聂拉木中学当老师的藏东藏族女性LBCQ相识相恋,由于PBCL会说藏语和汉语,能够和LBCQ顺畅地沟通,LBCQ对PBCL的性格也十分喜欢,两人相恋结婚,现在育有2个女儿。在共同的生活中,LBCQ也慢慢地学会了夏尔巴语,与丈夫的亲戚朋友相处和睦。

我们在调查中发现,在樟木夏尔巴的认知体系中,日喀则地区靠近樟木一带的藏族可以被认为是“本地人”，例如PBCL在谈到挖樟木虫草的人时，区分出两类人，一类为“本地人”，另一类为尼泊尔人，前者即“樟木夏尔巴、藏族和有樟木户口的人”。由此可见，对樟木附近区域的藏族，夏尔巴在心理上是有较强的亲切感的。究其原因，一方面是因为夏尔巴的民间传说中认为自己的祖先与藏族拥有亲密渊源；另一方面，两者在地理上接近，彼此长期共同生活，进而产生文化上的融合，显著表现在服饰、饮食、语言、宗教信仰等方面。现在，樟木夏尔巴与藏族通婚现象不断增多，甚至已经逐渐改变了夏尔巴村落的人口结构，在樟木镇帮村的人口中，夏尔巴和藏族人已差不多各占一半。

当然，受制于夏尔巴内婚的传统影响，并非所有的夏尔巴都愿意与其他民族通婚，与其他民族通婚的樟木夏尔巴大多思想比较开放、文化程度相对较高。例如个案8中提到的PBCL，中学、大学阶段曾在祖国内地就读，深刻感受过现代化发展，毕业回到聂拉木后有正式的工作，日常生活中与其他民族的接触也较多，因此，在婚姻对象的选择上，不会拘泥于本族群内部。调查对象BSLB的情况亦如此，BSLB17岁的时候在樟木镇参加工作，2000年时到聂拉木县某乡任乡长，后结识在当地做生意的日喀则萨迦县的藏族女子，2004年结为夫妻，育有1个孩子。

樟木夏尔巴也存在个别与汉族通婚的情况。调查得知樟木镇帮村有2例与汉族通婚的情况，皆是夏尔巴女性嫁给汉族男性，其他三个村落中未见有夏尔巴与汉族通婚的情况。夏尔巴与汉族通婚少的原因，一是樟木的汉族绝大多数是生意人或打工者，流动性极强；二是夏尔巴和汉族在历史、文化、生存环境、生活方式等方面的差异较大。

二、夏尔巴的婚礼仪式

过去，樟木夏尔巴14岁就可以结婚，现在最早的结婚年龄已经推迟到18岁。无论何时结婚，婚姻的基本程序是大家都会遵守的，即“提亲—定亲—婚礼”。

（一）提亲

提亲的一方一般是男方。男方通过媒人介绍或者自行结识相中某位女性后，便会前往女方家中提亲。提亲的人可以是男方本人，或男方本人与男方的父母长辈及兄弟。提亲时，男方需向女方家庭赠送哈达、自己酿造的10斤酒或“拉萨啤酒”、风干肉。过去不用送礼金，现在有些男方提亲的时候会给女方礼金。多数情况下，女方家庭会在男方正式提亲之前通过各种渠道了解男方的“骨系”和为人，如果对男方较为满意、赞同这门婚事的话，女方会收下男方的礼物，否则便会拒绝接受礼物。男方在提亲时给女方送礼物，一方面是希望得到女方家长对婚事的认可，另一方面也是希望达成双方家庭的互助协议。夏尔巴认为，如果男方没有给女方提亲送礼物，那么以后男方或男方家庭需要帮助的时候，女方家庭可以拒绝给予援助。

对于樟木夏尔巴来说，婚姻得到双方家长的认可是非常重要的。私奔的情况虽然存在，但往往会付出惨痛代价：过去会被村人打骂后逐出村子；现在则要承担与双方家庭断绝关系的代价，即便存在修补关系的可能，也要花费数年甚至数十年的时间。

个案9：樟木雪布岗村夏尔巴SL，妻子BS是尼泊尔夏尔巴。当初，SL与BS在印度相识，但双方家里都不同意两人的婚事，于是两人没有举办婚礼，只办了派对邀请各自的朋友参加，便私订终身。双方父母得知后与两人断绝了来往。直到两人的儿子2岁、女儿快出生的时候，双方父母的态度才有所缓和，开始与两人来往。

调查发现，虽然夏尔巴对私奔的惩罚比较严厉，但如果在双方父母允许的情况下，未正式举办婚礼前，年轻男女也有共同生活在一起并生育孩子的。但这种情况并不多见，在夏尔巴村落里，并不支持这种行为。

个案10：樟木夏尔巴女子LSQZ，丈夫LZ是拉孜县的藏族人，在樟木工作，家在日喀则。LZ亲自到LSQZ家提过亲，但LZ的父母亲人都没有来过樟木。LSQZ跟随LZ去过拉孜男方家。目前，双方还没有办婚礼，两人的孩子已经出生6个月了。

(二)订婚

在男女双方家庭都同意婚事后,婚事就进入订婚阶段。订婚的日期要经过双方家长的卜选,择定吉日,男方向女方赠送"三金"和两套藏装,"三金"即金耳环、金项链、金手镯。如果经济条件有限无法购齐"三金",至少也要为女方购置金耳环,此种耳环多为夏尔巴女子喜爱的"金镶玉"大耳环;经济条件好些的,还会在聘礼中加上金戒指、金手表,即为"五金",也有男方会附送现金。"三金""五金"也可折算成等值黄金,直接送黄金。女方陪嫁藏装两套,也有经济条件较好的女方家庭,会陪嫁金项链、金戒指、床上三件套和碗垫等物品。男方赠送的聘礼和女方的陪嫁也可以在婚礼当日交换。

个案11:樟木雪布岗村夏尔巴LBCR的妻子MMLM是尼泊尔夏尔巴。LBCR去MMLM家提亲的时候送了青稞酒,当时女方父母喝下了青稞酒,代表认可了这门亲事。订婚的时候,LBCR给MMLM送了金耳环,还送了价值7000卢比的手表。

图14 "瓦斯针"手表(部分)

在樟木夏尔巴中,尼泊尔产的金子和金饰品非常受欢迎,其次是从尼泊尔贩运进来的金色表盘表带的瑞士"瓦斯针"手表(westendwatch)。过去,聘礼中的金饰和手表加起来大约花费几千元人民币，现在则至少需要 3 万元—5 万元人民币才能置办到。

（三）婚礼

据调查，目前樟木夏尔巴婚礼的花费在 10 万元人民币左右。婚礼由男方出资，在男方所在村子的寺庙或村委会举办。婚礼一般持续 2—3 天。第一天为准备阶段，届时，男方村子里的人都会帮忙布置婚房、准备宴席。第二天为婚礼仪式举办日。

婚礼当日一大早，男方亲朋好友去女方家迎接新娘，现在已出现乐队、车队迎亲的情况。车队车辆的档次和数量视男方家庭经济情况而定，条件好的有 6 辆以上的车，条件差一些的也有 2—3 辆车。迎亲队伍将新娘迎接到村里，先到寺庙，然后去看婚房，再回到寺庙参加婚礼宴席，届时需要向寺庙支付 1000 元左右的场地费。村子里的每户人家至少要有一人参加婚礼。过去，亲朋们向新人赠送哈达即可，现在还需加送红包，关系亲密的亲戚送 500—1000 元，关系一般的亲朋送 50—100 元。男方会有专人负责登记，以便今后还礼。夏尔巴认为还礼的数目应当高于对方送礼时的数目，这样才不至于“失礼”。

新娘新郎可以邀请年纪相仿的亲朋作为伴娘伴郎，四个人穿藏装，戴镶有毛边的帽子。伴娘、伴郎陪伴新娘、新郎绕着村子游走一圈后回到婚礼现场，按照“新郎父母—新郎—新娘—新娘父母”的顺序，依次接受亲朋敬献的哈达和青稞酒。此时，亲朋们还会唱夏尔巴婚礼歌向新人们表达美好的祝福。之后，所有到场的亲朋同时饮一杯青稞酒或白酒，表示喝了新人的喜酒，之后便可享受丰盛的宴席。夏尔巴婚礼宴席的菜式最少 18 道，最多 32 道，放置在长条桌上，由客人自主选择。宴席结束后，亲朋和新人一起唱歌跳舞，直到散场。

第三天，男方要举办谢宴，以感谢为婚礼忙碌的乡亲们。谢宴之后，整个婚礼仪式就结束了。这样的婚礼被认为是完整的，也意味着新人的结合是完美的。

樟木夏尔巴在婚礼举办一周之后要“回门”，新婚夫妇携带礼物至女方家中，意即向女方父母表示新娘的新婚生活很美满，同时也表达对女方父母抚养女儿的感激之情。

（四）分家

夏尔巴在婚后即被视为成年，按照传统，需要自建房屋，与父母分开居住。父母会给分家的孩子们一些财物，但大部分的财产会留给小儿子。在夏尔巴的传统中，家中最小的儿子是有赡养父母义务的，即便是结婚后，也要与父母生活在一起。分家后独立生活的夏尔巴男性，要承担起建立和维持新家庭的重任，如盖房，目前在樟木新建房屋的花费大约在30万元—50万元之间，长辈们会资助一些，但大部分的钱需要自己赚取。因此，夏尔巴认为，结婚并分家独立生活是一个夏尔巴男性成熟的标志。分家后的兄弟姐妹们在为各自家庭辛苦奋斗的同时，也会彼此照应。

个案12：樟木雪布岗村夏尔巴BB有1个哥哥、2个姐姐、1个妹妹，他本人是家中最小的男孩。BB的哥哥结婚后分家独立生活，曾做过布料生意，亏了80多万，现在在开饭馆。BB的妻子QD是亚东县的藏族人，两人婚后与BB的父母住在一起，照料老人的同时还要照应BB的哥哥和妹妹，要帮助BB的哥哥偿还部分欠款，资助BB的妹妹上学。小夫妇新建房子的时候也得到了BB父母的较多资助。

樟木夏尔巴认为，婚后生个男孩是非常必要的，除了可以继承家族的血脉、财产之外，将来还可以承担赡养父母的义务。但是若某个夏尔巴家庭中没有儿子或这个儿子因种种原因无法赡养父母，那么女儿（有几个女儿的话则为小女儿）便要在婚后承担赡养父母的责任。调查对象AWLM唯一的儿子在日喀则做生意，无法照顾自己，她便选择跟已婚的小女儿一家住在一起。

（五）离婚

据调查，樟木夏尔巴存在离婚的情况。由于一些夏尔巴结婚的时候没有正式办理登记手续，所以离婚也往往是非正式的，夫妻双方商量下孩子归谁，便可自行解除婚姻关系。离婚后，并不妨碍双方再婚。

个案13：樟木雪布岗村夏尔巴QZM，QZM的妈妈是尼泊尔人，妈妈怀着她七个月的时候因与丈夫不和就从樟木回到了尼泊尔，QZM在尼泊尔出生，12岁的时候，继母将她接回樟木。不久后，QZM的父亲去世，她一直和继母生活，继母待她很好。QZM的丈夫SLBB为同村的夏尔巴，曾经结过婚，离婚后和她结婚，两人育有一儿一女。

三、夏尔巴的家庭和生育

夏尔巴一般都是四五口人组成的小家庭，极少有十多人共同生活的大家庭。夏尔巴的子女一旦成年，不论婚否，不分男女，都要离家另立门户。家中的经济大权、与社会的联系都由丈夫做主，女性的地位较低，且不准主动提出离婚，除非因女方不能生育，再由男方提出离婚，遇到这种情况，女方家不用退还男方财物。未生育的女性可以改嫁，已生育的女性是不准再嫁的。

夏尔巴男女青年在婚前有一段自由社交的习俗，因此会导致一些女性未婚先育，生下的孩子长大后就算作女方的成员，如确知孩子生父的，孩子可由男方认领，即使不认领，也由双方亲友出面商量补偿女方的养育费，孩子由女方抚养，并不会受到歧视。

夏尔巴婴儿出生后要用酥油涂抹全身，在自家门上系一条红布带子，以敬告外人勿随便进家，婴儿三四天之内不能和生人见面，否则视为不吉利，之后请一位喇嘛来家念经、诵佛、烧香，以消除由于生育给地方神和土地带来的污秽。同时，要清扫房间，将洁白的哈达或丝绸条系在房屋附近的旗杆上，以表示清理完毕。

夏尔巴为小孩起名多用日、月、星、辰、吉祥如意及宗教词语，男孩多以达瓦、尼玛、普布、巴桑、其美、旦增、扎西等为名，女孩多以拉姆、卓玛、央吉、格桑等为名，故重名率较高。

四、夏尔巴传统婚俗的延续和变迁

我们在对樟木夏尔巴的婚俗调查过程中发现，夏尔巴仍坚守着自身族群的传统文化，很多夏尔巴坚定地表示，会严格恪守“五大家族”内部禁止通婚的禁忌，过去遵守，现在遵守，“今后几百几千年都不会改变”。

当然，夏尔巴现在仍在沿袭的一些传统婚姻习惯与当前社会发展也存在一定的不协调性。根据文化功能主义理论，这些不协调的传统文化部分会随着社会发展而逐步被摒弃。在这种自然淘汰的过程中，社会往往要付出沉重的代价，这种代价甚至会影响地方社会的一个时代或者个人的一生。例如，部分夏尔巴“事实婚姻”的存在，一方面导致婚姻的不稳定性，增加个人、家庭和社会的负担；另一方面，非正式婚姻中的跨境婚姻带来尼方女性的身份缺失，也是当地社会不容忽视的社会问题之一。

个案14：尼泊尔夏尔巴女子QZ，18岁时嫁到樟木雪布岗村。据QZ称，她的国籍及相关身份资料仍属于尼泊尔。由于她没有中国的户口，无法享受医疗保险，生病的时候不能在樟木或日喀则看病。此外，很多樟木本地人能够享受的待遇她也享受不到，比如说边境少数民族补贴、草场补贴等。

还有一些尼泊尔夏尔巴女子嫁入樟木后，尼泊尔的国籍等身份资料已经被注销，在樟木又没有落户，境遇更为糟糕。此类问题的存在，主要是由于当地部分老百姓婚姻法意识薄弱，特别是对涉外婚姻法知识欠缺，认为办理结婚登记手续复杂，而举办婚礼就意味着认可婚姻，是当地人长久以来约定俗成的习惯。要解决这一问题，政府相关部门理应发挥各自的职能，加强引导、规范管理，使民间婚姻逐步走上法治化的轨道。

在坚守传统文化、沿袭传统习惯的同时，樟木夏尔巴的婚姻也在伴随时代和社会的发展而变化。例如，过去夏尔巴的婚姻几乎都是听从父母长辈的安排，现在年轻人的婚姻则大多是建立在自由恋爱的基础上再征询父母长辈的意见，婚姻相对来说更为自主、自由；其次，夏尔巴的通婚对象范围在逐步扩大，从以往的族内婚到现今的族际通婚、跨境通婚，反映出在经济的快速发展和社会的逐渐变迁中，夏尔巴思想观念的逐步开放；再次，夏尔巴婚俗方面的变化也比较明显，过去提亲时只需哈达、酒与肉，聘礼只需金耳环，亲朋祝贺送哈达即可；现在提亲时要送现金，聘礼要“三金”甚至“五金”，亲朋送的礼金也“水涨船高”。

婚姻文化的现代化是社会发展的伴生物。与夏尔巴坚守的传统婚俗文化一样，婚俗的新变化使人们的生活更便捷、更愉悦，那些不利于社会发展的部分，往往在被社会检验并淘汰的过程中也会使人们付出一定的代价，如当前夏尔巴婚俗中物质比重不断增大，一些人能够承受，但大部分人承受不了。后者可能会选择走捷径，如部分夏尔巴男性娶尼泊尔夏尔巴女子为妻，不可否认是考虑到了这类婚姻成本低廉的好处，而这种建立在经济利益考量上的婚姻，其本身存在不稳定性之外，也会给社会带来一定的隐患。

民俗具有一定的稳定性与变异性，夏尔巴婚俗一经形成，就不容易在短期内改变，其内在的驱动性力量会使传统婚俗得到延续。随着社会环境、经济条件的巨大变化，在与其他民族的交往、通婚过程中，夏尔巴的婚俗受国内现代婚俗的影响也越来越明显，促使传统婚俗发生了很大变化。婚姻圈不断扩大，有利于夏尔巴的优生优育，而婚姻形式与现代社会的趋同则是夏尔巴主动适应社会发展的体现。

五、夏尔巴的丧葬习俗

樟木镇夏尔巴死后，要请喇嘛念经超度灵魂，还要请苯教法师占卜，确定逝者与火、土、水的所谓缘分，然后决定葬法。葬法有三种，即火葬、土葬和水葬。最常见的是火葬，即人死后，遗体在家停放三天，遗体上要盖着一块白布和一条哈达，这条哈达要与遗体平行，从脸部直到脚上。在这三天中，亲人要守夜。到第四天清晨，将遗体背至山中火葬地火化，火化时间以早晨为佳。火化前，需要请僧人为逝者念经超度，并做“朵玛”祭祀。如果有人索要逝者的衣服，就当场赠送，如果无人索要，就将包括逝者生前照片在内的所用物品全部烧掉，遗体火化后，把剩下的残骨磨成粉末，与泥巴搅拌，做成擦擦，放置在山岩石洞之内。夏尔巴土葬的方式与其他民族不同，即将逝者背放到深山岩洞之中，用土将遗体掩埋或将洞口封闭，即完成土葬。土葬多用于小孩，即将死者的遗体捆绑成胎儿状，存放在山崖的石穴中或木洞里。只有天下大雪或贫困少助，无法凑齐十人相助的，才实施水葬。

樟木镇夏尔巴去世后，亲属不能哭泣，否则会阻碍逝者走向极乐世界。出葬时，逝者最亲近的人还要唱“觉鲁”①，一是表示告别亲人，二是传说逝者听到亲人的歌声后，就会心情愉快，前途光明。亲属一路唱歌，随出葬队伍至中途后折回，不能目睹火化场面。同村村民都要献哈达。逝者去世后的第 49 天，家人还要举行悼念活动。

第三节　定结县陈塘镇夏尔巴的社会生活

一、陈塘镇夏尔巴概况

图 15　陈塘镇全景图

定结县陈塘镇位于西藏自治区的西南边陲，距定结县 150 公里，东南连尼泊尔，北靠日屋镇，西临定日县，是西藏边境乡镇之一。全镇总面积 254. 55 平

① 即告别歌。

方公里,边境线长 12 公里,有 14 个国界界桩,5 个山口通尼泊尔,地理位置非常重要。全镇平均海拔在 2500 米,受印度洋暖湿气流影响,形成亚热带山地季风气候,多雨潮湿,遍布原始森林,全镇林草覆盖率为 98%。陈塘镇是我国夏尔巴最集中的地方,下辖那塘、藏嘎、沃雪、比塘、萨里、休修玛等 6 个行政村,陈塘镇的行政村比较分散,沃雪、比塘、萨里、休修玛 4 个村集中在朋曲河西岸的高山山顶上,山脚下的藏嘎村横跨朋曲河东西两边,那塘村距离藏嘎村有 10 公里。有农牧民 606 户、2321 人,其中农业人口 2296 人,非农业人口 25 人。陈塘镇属林农镇,2015 年末总耕地面积为 988 亩,人均耕地面积 0.43 亩,农村经济总收入 1302.08 万元,人均收入 4071.32 元,其中现金收入 2646.36 元。无法满足口粮需求,长期依赖国家发放的各种补贴生活。

图 16　陈塘镇政府所在地

（一）陈塘镇夏尔巴的内部划分

陈塘镇的夏尔巴没有经过西藏民主改革,属于"直过"民族,一直过着相对封闭的生活,截至目前,全镇还有将近 30% 的人从来没有走出过陈塘沟。他们对外统称为夏尔巴,但在内部却分为"仲巴"和"替给巴"两大群体,关于这两个群体的来源,有两种说法,一种说法认为,"替给巴"来自尼泊尔昆布一个叫帕隆普玛的地方,最初带领"替给巴"进入陈塘的首领名为杰本嘎玛,

“仲巴”来自康区德格地区，最初带领“仲巴”进入陈塘的首领名为多吉维丹，“替给巴”的保护神是一只名为“塞拉朵朵”的绵羊，“仲巴”的保护神是一头名为“藏拉比迪”的公牦牛。在交往过程中逐渐形成了两大群体之间相互婚配、禁止各自群体内部婚配的婚俗。

（二）陈塘镇夏尔巴的生计方式

图 17　正在种植鸡爪谷的夏尔巴女性

陈塘镇的夏尔巴主要从事农业生产，主要农作物有鸡爪谷、青稞、玉米、土豆等，饲养的家畜有鸡、山羊、黄牛、犏牛等，鸡爪谷是陈塘镇夏尔巴的主食，还可酿成鸡爪谷酒，是陈塘镇夏尔巴最爱的农作物。由于土地资源匮乏，陈塘镇的夏尔巴在种植庄稼时都是精耕细作，用特制的“欧格林玛”（铁耙子）定期梳理鸡爪谷幼苗，在收获鸡爪谷和小麦时，用小镰刀一把把收割麦穗，将其放在随身背篓中，晒干后悬挂在房梁上储存，茎秆则在地里晒干焚烧后作为肥料。陈塘镇的夏尔巴体格瘦小，饮食结构单一，以素食为主，绝大多数村民只能食用土豆、豆角、吊瓜、白菜等蔬菜，全镇仅有一家贵州人开的饭馆建有 2 座蔬菜大棚，那塘村有 1 座蔬菜大棚，陈塘冬营地一户村民建有 4 平方米的温室，可以出产辣椒、黄瓜、西红柿、茄子等蔬菜。肉食以鸡肉、牛肉为主，几乎每家每户都养有山鸡和牛，山羊的数量较少，采取合作放牧的形式管理牛群，只有当牛老了以后才会宰杀，村民闻讯就会前去购买十来斤，一次食用不完，则悬挂在火塘上熏制保存，没有大量储存肉食的习惯。近年来也出现了几家人合伙从尼泊尔买牛分食的现象。采挖野蜂蜜是陈塘镇夏尔巴的主要副业。

图 18　在 69 号界碑上休息的尼泊尔夏尔巴

此外，陈塘镇夏尔巴也从事边贸。2005 年之前，陈塘镇夏尔巴的生活状况不如尼泊尔人，迫于生计，他们会去尼泊尔桑库瓦萨巴县[①]的帮甲、彻卜瓦、唐木青、塔占等地务工，将工资折算成粮食后背回来养活家人。2005 年西藏落实兴边富民工程以后，陈塘镇夏尔巴的生活水平开始不断提高，人们就不再去尼泊尔务工了，但因为陈塘镇距离定结县路途遥远，路又不通，人们还是会去尼泊尔为女性购买银币和白海螺等饰品。这些年，陈塘镇经济社会发展迅速，建筑工程较多，尼泊尔边民就经过 69 号界碑的中尼友谊桥进入陈塘镇打工，每周一三五还会来藏嘎村赶集，出售佛珠、弯刀、蜂蜜、木碗、红豆杉木杯等物品，同时在藏嘎村的 6 家较大的百货商店里购买桌子、铁皮、

① 俗称肯达巴热。

衣服、鞋、食品、饮料等各种物品。甚至有加德满都的工匠来到吉玛唐卡，依靠制作陈塘镇夏尔巴的“久卜辛”（传统木质酒桶）为生。总的来说，现阶段尼泊尔边民在生活上严重依赖于陈塘镇。

（三）陈塘镇夏尔巴的居住情况

陈塘镇夏尔巴采取集体居住与分散居住相结合的居住形式，其居住地分为夏营地和冬营地，冬营地集中在陈塘镇镇政府所在山上，各村没有明显的界线，交错居住在一起，非常拥挤；冬营地的房屋质量较好，屋内陈设比较多；夏营地则分散在朋曲河两边的高山上，夏营地的房屋则比较简单，大多数家庭屋内只有一个火塘，没有桌椅板凳和床铺，晚上全家人围着火塘，在卡垫上睡觉。冬营地是陈塘镇夏尔巴先民最早居住的地方，后来随着人口的增加，生存压力增大，粮食紧张，各村村民就分散开辟出各村的田地，形成了以本村村民聚居的夏营地。在开辟新田地的过程中，一些陈塘镇夏尔巴从山上搬到了河谷地带，分离出山脚下的藏嘎村和相距 10 公里的那塘村两个村寨。

图 19　陈塘镇冬营地的干砌房屋

陈塘镇夏尔巴的传统房屋依坡而建，是石木结构的一层建筑，采用干砌技术建造而成。房屋的地基一面建在斜坡上，一面悬空并用大石头充当柱基，用木头搭起屋架，与地面平行后铺设木板，然后将石头砸成平整的形状，逐层堆砌成墙，空隙处用小石头填充，不用泥土或水泥黏合。屋顶呈圆拱形，是用竹子编制而成的，房屋下方的空间分为厕所和储物间，用来发酵农家肥，放置柴火、杂物等。这种传统房屋抵抗自然灾害的能力较差，一遇到地震、泥石流灾害和风灾，房屋就会分崩离析。2011 年印度锡金邦“9・18”地震、2012 年陈塘镇“2・8”风灾、2015 年尼泊尔“4・25”地震都使陈塘镇夏尔巴的房屋受损严重，2015 年以后，党中央拨下专款，用钢筋混凝土和彩钢板等新型建材，将 500 多户陈塘镇夏尔巴的传统房屋建为新式房屋，使陈塘镇夏尔巴的居住条件得到极大改善。

陈塘镇的夏尔巴会根据鸡爪谷的种植和收割时间划分在夏冬两处营地的居住时间。每年 3 月份，陈塘镇夏尔巴青壮年们就从冬营地前往夏营地种植鸡爪谷，留下老人和小孩在冬营地生活；同年 10 月份鸡爪谷收成后，青壮年们又会搬回冬营地生活。

（四）陈塘镇夏尔巴的出行方式

由于交通不便，人们来往于冬营地和夏营地时只能依靠步行，养成了陈塘镇夏尔巴善于攀登的本领。在当地，女性们穿着十字拖鞋都能负重爬山，非常稳健。除了水以外，陈塘镇冬营地的所有物资都是依靠人力从山下的藏嘎村背上去的，背一箱方便面上山的运费是 5 元；一斤沙子的运费是 1 元；一块标准分板木料的运费是 6 元；钢筋的运费最贵，能达到一斤 10 元。以至于人们宣称陈塘镇冬营地的每一座建筑的重量都能计算出来，这也使陈塘镇冬营地的物价居高不下，一个苹果 2 元；一瓶矿泉水 3 元；一瓶拉萨啤酒 5 元；一瓶红牛饮料 7 元；一碗面条 20 元；一条普通长裤的价格则在 200 元以上，生活成本过高。为方便群众出行，2011 年，西藏自治区开始修建“萨陈公路”，在往陈塘镇镇政府所在山顶上修公路时，因为要破坏冬营地的大量田地,被群众阻挡,公路只通到了河谷中的那塘村和藏嘎村,往陈塘镇政府所在的冬营地修建了1700多级台阶,依次修建了5座歇脚凉亭。今年8月份,又往夏营地修建了水泥台阶,改善了人们的出行条件。近年来,西藏自治区党委、政府非常重视陈塘镇夏尔巴群众的生活情况,2016年5月5日—6日,西藏自治区政府主席洛桑江村到陈塘镇调研后,批准了6.6亿元的公路工程,要求避开田地,将公路修到陈塘镇冬营地,现已完成。

图20　陈塘镇的台阶路

(五)陈塘镇夏尔巴的宗教信仰

陈塘镇夏尔巴信仰藏传佛教和苯教。在冬营地有一座藏传佛教寺院——卧塞确林,寺中共4名僧人,平时在家里劳动,每年藏历六月初四会到寺里集中,带领陈塘镇夏尔巴举行宗教仪式,为已经去世的亲人祈福。苯教没有寺院,神职人员统称"洛本",一共有48名,全部由"替给巴"群体中的男性垄断,实行世袭制传承,从古到今形成了若干个信徒家庭与特定神职人员的固定供养制度,每逢信徒家有婚丧嫁娶、修房盖屋、禳灾避邪等活动时,"洛本"都要逢请必到,信徒则根据自家经济情况给"洛本"支付一定的报酬,除非"洛本"家没有儿子继承,否则这种供养关系不得改变。关于陈塘镇民众信仰苯教的原因，陈塘镇还流传着一个传说，很久以前，陈塘北侧的“东升部山”和南侧的“毕修龙山”发生崩塌事件，形成了闭合的湖，达到了即将淹没陈塘镇的高度，这时萨迦寺的一位活佛派了一公一母两只鸟，授予当地苯教神职人员可以用这两只鸟进行血祭的权利，“洛本”血祭之后，湖水就疏通了，百姓得以获救。[①] “洛本”做法事需要进行“血祭”，主要是杀鸡和羊，而佛藏传教不崇尚“血祭”，所以“洛本”不能进入卧塞确林寺，但是，信仰苯教的民众可以进入寺庙。

图 21　夏尔巴“洛本”

（六）陈塘镇夏尔巴丧葬习俗

陈塘镇夏尔巴在丧葬葬法上只有火葬一种形式，夏尔巴去世后，一般会在家中停尸 2 天，家庭条件较好的家庭会停尸 3 天。遗体在家中停留时，遗体正前方的桌子上会摆上酥油灯。酥油灯的数量和逝者家庭经济条件有关，富裕的家庭一般会摆 108 盏酥油灯，经济条件较差的家庭会少摆一些酥油灯，但最少也要摆 72 盏酥油灯。除此之外，逝者家人还要请僧人来家里为逝者诵经，时间一般为 3 天，给僧人支付的酬劳没有定数，根据逝者家人的心

① 根据对陈塘镇苯教巫师“洛本”BQP（男，夏尔巴，45 岁）的访谈整理而成。

意而定。在禁忌方面,逝者家人自逝者逝世时开始,一个星期内不准洗脸。在逝者逝世后,村里人都会来逝者家里帮忙做饭、招待前来吊祭的客人、借厨具、为逝者发丧。前来吊唁逝者的人一般会携带3—6斤的青稞酒和一条哈达,有的还会送一些钱,金额30—200元不等。

逝者发丧时,家人、亲人和村里人会把逝者的遗体运到村子的后山上火葬,先请僧人为逝者诵经,结束后便开始火葬,火葬结束后骨灰会留在山上,待其慢慢风化、溶解进山土。在葬礼举行后的每隔7天,家人还要请僧人来家里为逝者诵经,并点数盏酥油灯。家人在葬礼结束之后的49天,一日三餐都要在餐桌上摆上逝者的碗筷,以示怀念。待到49天后,家人们就会把逝者的碗筷从餐桌上撤去,还会邀请逝者的亲朋好友及村里人来家里为逝者念经。整个葬礼大约要花费三千元至上万元不等。

二、陈塘镇夏尔巴社会发展中存在的问题

近年来陈塘镇社会发展迅速,特别是2011年印度锡金邦“9·18”地震、2012年陈塘镇“2·8”风灾后,以灾后重建的形式解决了198户村民的民房建设问题,2015年尼泊尔“4·25”地震后,又解决了356户村民的住房问题,使陈塘镇夏尔巴的居住条件远远高于尼泊尔一方。但也存在一些问题需要解决。

(一)严重依赖政府救济

陈塘镇夏尔巴人均耕地面积0.43亩,其中又以萨里村最低,人均0.28亩。陈塘镇夏尔巴已将冬营地和夏营地能开发的山地都开垦为田地,即使如此,也无法满足他们的粮食需求。2014年,全镇人均口粮为140斤,为提高粮食产量,陈塘镇政府给村民发放钾肥和磷肥;2016年,人均口粮增加到353斤。虽然粮食产量得以增长,但由于人们将鸡爪谷用来酿酒,消耗了大量粮食,依旧无法满足需求。目前,陈塘镇的扶贫户、扶贫低保户、低保户共计343户、1474人,占全镇总人口的72%,贫困原因是土地少、缺乏经济作物,现金收入来源单一,绝大多数陈塘镇夏尔巴除了当背夫赚钱外,主要依靠国家补贴,陈塘镇政府每年都要给夏尔巴发放草场补贴、林业补贴、边境补贴,还要发放粮食。2015 年上半年和下半年分两次给每户家庭发放了 50 斤包装的大米和面粉各 4 袋。

图 22　夏尔巴的菜地

（二）冬营地人口密度过大

陈塘镇冬营地坐落在朋曲河西岸的高山山顶上,南边有一条山间溪流将其与尼泊尔吉玛唐卡隔开,西北面是分布着原始森林的石头山。休修玛、沃雪、萨里、比塘 4 个村的冬营地集中在这一片斜坡上,共居住着 1767 人。夏尔巴重男轻女,儿子长大后就要修房建屋另立门户,土地不够时,只能开辟山地和森林,对自然环境造成很大压力,此外,当地的自然灾害较多,主要是地震、风灾和水灾,每年 11 月—来年 2 月是陈塘镇的风季,大风会使房屋受损;每年春夏时节暴发的山洪会冲毁冬营地的房屋和田地,暴涨的朋曲河水也会冲毁藏嘎村的田地和房屋。2015 年 4 月—6 月间发生了 4 次较大的水灾,田地、房屋、牛、鸡等家畜家禽都被冲走了,有近 30 户人家受灾。如果这种房屋扩建势头再持续下去,环境压力继续增加,冬营地有较大的发生泥石流和滑坡的可能性。

（三）面向尼泊尔的外贸窗口作用未能完全发挥

由于地处中尼边境,陈塘镇的边境贸易比较发达,但因为尼泊尔至陈塘镇不通公路,所以贸易还停留在小商品批发零售阶段,小商品远送以人力背运为主,无法进行大宗商品交易。朋曲河东岸的藏嘎村是尼泊尔人购买商品的主要地点,吸引着包括加德满都、桑库瓦萨巴县、索鲁孔布县附近的青年人前来购物、玩耍。尼泊尔青年女性主要来藏嘎村购买方便面等生活用品。总的来说,陈塘镇夏尔巴的精神面貌、衣物的整洁程度、勤劳程度均不如尼泊尔一方,尼泊尔边民自尊心很强,虽然前来陈塘镇务工的青壮年男性衣着破烂,但却不接受我国边民赠予的旧衣服和鞋袜,卫生习惯要好于我国边民。

图 23　来陈塘镇进货的尼泊尔夏尔巴女性

（四）养猪业有悖夏尔巴传统

历史上,陈塘镇夏尔巴并不养猪,只有 20 世纪 30 年代从康区搬过来的 2 户“替给巴”养过猪,后来绝种了,此后,陈塘夏尔巴就再没有养过猪。从 2010 年开始,当地政府将村民编为 8 户一组,发放猪仔,每年每只猪补助 100 元,村民商量后决定以排班形式给猪喂食;2014 年,政府还投资 800 多万元在那塘村村外空地上建了一座养猪场。由于食物匮乏,政府每年还要给村民发放饲料作为补贴;经过 5 年的发展,2015 年末,陈塘镇夏尔巴共饲养藏香猪 656 头,自己基本上不食用,养大后由政府以每只 2000 元的价格回收。

目前，大多数猪主要圈养在陈塘镇冬营地，由于陈塘镇是亚热带气候区，天气炎热，这些分布在四周的猪圈，使整个冬营地都受到不同程度的污染。

图 24　夏尔巴在杀猪

（五）卫生意识急需提高

由于条件所限，陈塘镇夏尔巴较少讲究个人卫生，因此他们常年受跳蚤和虱子所扰。在陈塘镇，经常能看到夏尔巴在路边互相清理身上的虱子。陈塘镇冬营地只有一个公共厕所，经年累积，不但无法正常使用，还构成了生活污染源，影响冬营地人们的生活环境，急需进行改造。

（六）公共活动场所短缺

由于陈塘镇镇政府所在的冬营地人口密度过大，房屋集中，严重挤压了公共用地，整个冬营地只有一大一小两个广场，大广场位于冬营地中央，呈正方形，大约 500 平方米，有一座二层戏楼和一个篮球架子；小广场位于夏营地南边，被民房包围，呈长方形，大约 200 平方米。除了小孩子外，夏尔巴一般不愿意到大广场中去，而是在每天晚饭后，习惯性地聚集到小广场中，围站在一起聊天。虽然村村通工程建设使陈塘镇冬营地的人们能接收到卫星广播电视节目，但并不是每家每户都有电视机。文化娱乐活动较少，文化生活匮乏。

图 25　在广场旁边聊天的夏尔巴女性

三、对策和建议

（一）发展旅游业和蜜蜂养殖业，增加夏尔巴的现金收入，以买代种，解决粮食不足的问题

陈塘镇是日喀则海拔最低的地方，自然风光优美，与日喀则干燥寒冷的高原气候形成鲜明对比，全镇林草覆盖率为98%，野生动植物资源丰富，有高山瀑布、九眼温泉。陈塘镇夏尔巴夏营地非物质文化遗产项目众多，还能通过中尼友谊桥到尼泊尔吉玛唐卡观光，旅游资源非常丰富。2013 年，最早发展旅游业的藏嘎村就接待游客 23400 人次，实现产值 20 多万元，鸡爪谷糌粑、山鸡十分受游客欢迎，“萨陈公路”改造升级完工后，更是如此，陈塘镇政府可以一方面与定结县旅游局协商，做好旅游推介工作，另一方面引导村民修建客栈、饭馆等设施，大力发展旅游业。考虑到陈塘镇野蜂蜜产量较高，销路畅通、夏尔巴养蜂经验丰富等因素，可以大力发展蜜蜂养殖业，快速增加村民现金收入，使夏尔巴能够有钱购买粮食，弥补口粮的不足，实现自给自足。

（二）将夏营地建设成永久性居住地，减轻陈塘镇冬营地的人口压力

与陈塘镇冬营地相比，夏营地土地宽广、人口稀少，房屋分散、风景优美，适合人们生活居住，最大的问题是交通不便。应该在现有道路建设的基

础上，投入资金，再修建一条从藏嘎村通往比塘村、沃雪村夏营地的乡村公路，修建一条从陈塘镇冬营地通往休修玛村夏营地的乡村公路，在朋曲河的东西两座山上架设索道，方便村民运输物资，将比塘村夏营地、沃雪村夏营地、休修玛村夏营地改造成陈塘镇夏尔巴的永久性居住地，分散陈塘镇冬营地的人口压力，起到防灾减灾、减轻生态环境压力的作用。

（三）合理规划建设项目，发展边境贸易，把陈塘镇打造成面向尼泊尔的重要口岸

目前，位于陈塘镇林琼唐卡中尼双边友谊桥、陈塘口岸国门、检验楼已经建成，尼泊尔方面也正在向陈塘方向修建公路，经常有尼泊尔工程技术人员来藏嘎村活动。鉴于陈塘镇冬营地存在人口密集、没有空闲土地的现实困难，应将陈塘镇下一步的发展重点放在经济基础较好、人口素质较高的藏嘎村和那塘村，参照樟木口岸的发展模式，在朋曲河东岸规划建设边贸交易市场、停车场、仓库、宾馆、饭店等基础设施，使陈塘镇成为日喀则的重要通商口岸之一，加强我国对尼泊尔的经济辐射力，展示我国社会主义事业的新成就。

（四）扩大养鸡业，推行蔬菜大棚，改良经济林木，提高民众生活水平

夏尔巴喜欢食用鸡肉，有丰富的放养山鸡的经验，所饲养的山鸡味道鲜美，名声在外，价格很高，每只售价为250—280元，只要来陈塘的游客都会慕名品尝山鸡，社会需求量大，有较好的发展前景。可以因势利导，扩大养鸡规模，将其打造成陈塘镇特色产业，通过扩大销售区域来增加群众收入。鉴于夏尔巴以吃素为主，又有经营蔬菜大棚的经验，可以在全镇推广蔬菜大棚种植技术，让更多村民吃上辣椒、黄瓜、茄子等新鲜蔬菜，提高饮食水平。可以组织林业技术人员对30年前汉族干部引进的老品种苹果树和梨树进行嫁接改良，移栽和推广休修玛村夏营地的野生猕猴桃树种，既可以满足村民的日常生活所需，又能为今后旅游业的发展提供充足的特色食材。

（五）改造和扩建现有公共厕所，充分利用太阳能，提高民众卫生意识

陈塘镇公共厕所数量严重不足，应该对陈塘镇夏尔巴冬营地的大广场

公共厕所进行扩建,并在小广场附近新建一座公共厕所,同时在尼泊尔边民和游客众多的藏嘎村建设两座公共厕所,解决燃眉之急。考虑到陈塘镇地处亚热带气候区,温暖湿润,可以适当发展沼气清洁性厕所,用以处理公共厕所粪便堆积问题。

陈塘镇无霜期年均 200 天,年均气温 13.76 摄氏度,光照强烈,当地通往冬营地的上山道路上已经竖立了 20 多个太阳能路灯,经济条件较好的村民家里也备有 250 元一块的太阳能照明板,这说明陈塘镇完全具备使用太阳能的条件,可以利用兴边富民和精准扶贫项目,以中央财政转移支付的形式给每户人家免费安装太阳能热水器,解决当地群众洗澡难的问题。可以由镇政府卫生院从定结县引进消灭跳蚤和虱子的特效药粉,发放给村民,开展集中治理工作,督促村民养成勤洗澡的习惯,标本兼治,提高夏尔巴的个人卫生意识,减少疾病。

(六)改造和新建文化广场,设置健身器材,丰富民众文化生活

为丰富夏尔巴的日常生活娱乐,可以对陈塘镇冬营地的一大一小两个广场进行改造,按照夏尔巴的行为习惯,将大广场改造为举行大型公共文化活动的场所,增设篮球场,除在重大节日举行活动外,平时由妇联组织夏尔巴跳广场舞,传承民族文化;将小广场改造成日常娱乐场所,增加单双杠、秋千、乒乓球桌、象棋桌等体育运动器材,让每晚聚集在此的村民不仅可以锻炼身体,还丰富村民的文化生活。

近年来,在党和国家的大力支持下,陈塘镇夏尔巴的经济社会发展水平不断提高,但由于自然环境、物质条件、思想意识和行为习惯等方面的限制,人们仍然满足于过着自给自足的生活,发展动力不足。鉴于夏尔巴是分布在中尼两国的跨境民族,陈塘镇的发展势必会引起尼泊尔的关注,希望国家继续加大对陈塘镇的政策调控和经济投入,早日将其建成西藏有影响力的通商口岸。

第二章 夏尔巴非物质文化遗产的保护和传承

我国境内的夏尔巴拥有的非物质文化遗产主要有:2007年,聂拉木县夏尔巴歌舞被列入西藏自治区第二批非物质文化遗产名录;2009年,陈塘夏尔巴歌舞被列入西藏自治区第三批非物质文化遗产名录,2011年被列入第三批国家级非物质文化遗产名录;2013年,“芒羌”鸡爪谷酒酿制技艺被列入西藏自治区第四批非物质文化遗产名录;2018年,陈塘夏尔巴婚俗被列入西藏自治区第五批非物质文化遗产名录。此外,日喀则市级非物质文化遗产代表性项目有陈塘夏尔巴婚俗、陈塘竹编、陈塘玛尼藏戏、陈塘夏尔巴歌舞、芒羌鸡爪谷技艺;定结县县级非物质文化遗产代表性项目有陈塘夏尔巴歌舞、陈塘芒羌(鸡爪谷)酿制技艺、陈塘竹编技艺、陈塘夏尔巴婚俗、陈塘夏尔巴射箭。作为一个人数不满五千人的未识别民族,拥有国家级非物质文化遗产代表性项目1项;西藏自治区级非物质文化遗产代表性项目4项;市级非物质文化遗产代表性项目5项;县级非物质文化遗产代表性项目5项。充分体现出党中央对夏尔巴的特殊关心。值得一提的是,自从聂拉木县樟木镇夏尔巴搬迁到日喀则市桑珠孜区后,夏尔巴思乡心切同时忙于适应新的生活环境,又经过了两次搬迁,致使聂拉木夏尔巴歌舞的传承处于停滞状态。与之形成鲜明对比的是陈塘夏尔巴非物质文化遗产得到了很好的保护和传承。

第一节 “芒羌”鸡爪谷酒酿制技艺①

由于陈塘镇地处边境，非常偏僻，与外界相连的“陈萨公路”是土路，路况不佳，缺少交通工具，封闭性较强。根据调查，全镇有 30%的人至今没有走出过陈塘沟，这造成当地夏尔巴的内聚力很强，认为陈塘沟才是夏尔巴的家园，将山顶的沃雪、比塘、萨里、休修玛四个村寨所在地称为“陈塘”，视为夏尔巴的核心生活地带，而把山下与藏族杂居的藏嘎村和那塘村排除在外。

在现代化过程中，随着各民族交流、交往、交融，在藏族、汉族民众的影响下，陈塘镇夏尔巴的生活方式也在悄然发生着变化，这主要表现在衣、食、住、行、用等方面。除了老年女性外，平时绝大多数夏尔巴的穿着与其他民族无异，只有在重大节日和重要活动中才会身着民族盛装表演歌舞。一直以来，夏尔巴的饮食十分清淡，烹饪方法以煮为主，只放一点食盐，并不放其他调料。近十年来，在外来务工人员的影响下，夏尔巴的口味逐渐发生了变化，摄入植物油的分量逐渐上升，也开始使用辣椒、胡椒、花椒等刺激性的调味品炒菜，经济条件较好的夏尔巴还在自家房前屋后的蔬菜大棚里种植青椒。

在出行方面，陈塘镇夏尔巴基本上告别了徒步出沟的历史，大部分选择乘坐客货两用汽车外出，但价格高昂。在生活用品方面，陈塘镇藏嘎村有定日县藏族人开设的批发部近十家，面向当地人和尼泊尔人销售，镇政府所在山上也有夏尔巴开设的杂货铺 30 多家，祖国内地生产的日杂百货、藏族的藏式家具已经被陈塘夏尔巴广泛接受和使用，各家各户都有政府免费发放的家电、卫星信号接收器和家具。

人类学研究饮食是将饮食和食物作为一个文化表达，并置于文化象

---

① 本节的大部分内容本团队已以《夏尔巴非物质文化遗产“芒羌”鸡爪谷酒酿制技艺的人类学探析》为题发表于《西藏民族大学学报》2017(4)。

征主义的语境之中——通过饮食和食物的差异性以呈现饮食的生产、交换和消费模式。因此,食物和饮食也就具有特殊的交流、交通和转换功能①。酿造粮食酒是西藏各族民众普遍使用的一项生活技艺,与藏族人喜欢酿造青稞酒不同的是,居住在亚热带气候区的门巴族、珞巴族、僜巴和夏尔巴更喜欢酿造类似于饮料的粮食酒,只是在原料的选择和搭配上表现出一定的差异性,门巴族民众喜欢饮用鸡爪谷和玉米酿造的黄酒;珞巴族民众喜欢饮用米酒;僜巴和夏尔巴则偏爱鸡爪谷酒。只是近年来,随着察隅县鸡爪谷产量的下降,僜巴也开始使用麦子酿酒,只有陈塘镇的夏尔巴还保留着以鸡爪谷为主要原料酿酒的传统。我们认为,陈塘镇封闭的地理环境和党中央的优越政策,使陈塘镇夏尔巴的传统文化很好地保留了下来,受当地社会文化的影响,酿造鸡爪谷酒是每一个夏尔巴女性必须要掌握的生产生活技艺,出于这个原因,"芒羌"鸡爪谷酒酿制技艺才得以在陈塘镇实现活态化传承。

一、陈塘镇夏尔巴的鸡爪谷种植技术

鸡爪谷,学名"蔓稼",在夏尔巴生产生活中扮演着非常重要的角色,调节着夏尔巴的生活节奏,甚至构成了夏尔巴的生活中心。夏尔巴的大本营在冬营地,而大部分土地主要分布在夏营地,每年耕作时要分头进行,人们根据鸡爪谷的种植和收割时间划分在两处营地的居住时间,每年藏历 2 月(大约每年 4 月),夏尔巴给土地施肥;3 月份,夏尔巴中的青壮年劳动力就从冬营地搬往夏营地;4 月份,在自家最肥沃的土地里给鸡爪谷育苗;5—6 月挖完土豆后,给土地施肥,然后用牛耕地,将肥料翻入地下,再将育苗地里高 10 厘米—15 厘米的鸡爪谷秧苗起出,进行大面积移栽,之后再施两次肥;7 月底,鸡爪谷秧苗长到 30 厘米—40 厘米后,就不再施肥,要用"欧格林玛"(铁耙子)给鸡爪谷锄草,为了防止踩坏秧苗,夏尔巴锄草时都是赤脚;9 月鸡

---

① 彭兆荣.饮食人类学[M].北京:北京大学出版社,2013:31.

爪谷穗子成型;11 月开始收割鸡爪谷,这是一项非常精细的工作,要用小镰刀一把把收割,尽量不浪费一颗谷粒,将其放在随身背篓中,然后再用大镰刀收割谷秆,放在村子里的高脚屋中晾晒,作为冬天的动物饲料使用,剩余的茎秆则在地里晒干后焚烧作为肥料。夏尔巴储存鸡爪谷穗的方式比较独特,不是一次性完成脱粒工作,而是将收割的鸡爪谷穗子装在竹筐或编织袋中,悬挂在半空,需要时再进行加工。所有工作结束后,青壮年又搬回冬营地休养生息。陈塘镇雨水充沛,年均降雨量在 1000 毫米以上,因此,夏尔巴种植鸡爪谷都是靠天吃饭,并不需要专门灌溉。

二、"芒羌"鸡爪谷酒的酿制过程

图 26　晾晒鸡爪谷

夏尔巴鸡爪谷酒的酿造过程可以分为三个步骤:第一步是准备原材料,从房屋半空中把装有鸡爪谷谷穗的筐子或袋子取下,将其放在太阳下暴晒,然后在平地上用木棍反复敲击,这是一项费时费力的工作,一般要分三步进行。第一步分三组,第一组用 2.5 米长的木棍将鸡爪谷从谷穗上敲打下来,第二组用 1.5 米长的木棍将鸡爪谷的外皮敲酥,第三组用手揉搓鸡爪谷后,再用 1.2 米长的木棍给鸡爪谷脱皮。然后按照 10 : 8 的比例和青稞混合后用清水反复冲洗;第二步是熬煮、拌料,将原料放在大锅中反复煮一个半小时,煮到八成熟后捞出,沥水后平铺在凉席或塑料布上阴晾,等原料热量散发大半，尚有余温时，拌上捣碎的酒曲粉，搅拌均匀；第三步是发酵，将拌好酒曲的酒料放在容器中，上面覆盖棉被加温，发酵2—3天后，再将其放入缸或坛中，用泥土封口发酵，7天以后，鸡爪谷酒就酿好了，将酒料舀在特制木质酒桶“久卜辛”中，倒入温水，就可以用咂杆饮用了。

图27　淘洗鸡爪谷的夏尔巴女性

图28　煮鸡爪谷的夏尔巴女性

图 29　拌酒曲粉的夏尔巴女性

三、陈塘镇夏尔巴的酒具

陈塘镇夏尔巴饮用鸡爪谷酒时使用的酒具非常讲究，盛酒料的木质酒桶名为“久卜辛”，是用桦木、松木等木料制作而成，将直径 30 厘米、高 40 厘米的一整块木头中间掏空，呈倒立的圆锥体形状，再将一块直径 30 厘米，高 10 厘米的木头做成尖顶盖状，在中间挖出一个直径 3 厘米的洞，最后用黄铜在酒具外面包出上中下三道花纹，用铜链子将筒身和盖子相连，一个完整的酒具就做好了。

图 30　“久卜辛”酒具

咂杆名叫“比星”，用70厘米—80厘米长、拇指粗细的竹竿制成，在竹竿外面镶嵌上银质的外套“巴英”，非常美观，这也使咂杆的价值达到了每根数百元。现在，陈塘镇夏尔巴只能制作简单的咂杆，极少有人能制作“久卜辛”和“巴英”了，却有尼泊尔加德满都的工匠来到与陈塘镇一水相隔的“吉马唐卡”，专门靠制作“久卜辛”，出售给陈塘镇夏尔巴为生。“巴英”则要到尼泊尔的“坎达巴惹”才能买到。

四、“芒羌”鸡爪谷酒的使用及其内涵

我们调查后发现，鸡爪谷酒在陈塘镇夏尔巴的生活中发挥着非常重要的作用，是人们须臾不可分离的重要饮品，具有多重文化内涵。

（一）夏尔巴的民族象征物

人类学日益倾向于关注个人和团体凭借以活出他们生活方式的意义结构，并且能够凭借其能动性对意义结构加以形塑、沟通、灌输、分享、转变和复制的象征与象征体系。[①] 鉴于此，我们有必要对陈塘夏尔巴“芒羌”鸡爪谷酒酿制技艺所蕴含的象征意义进行论述。

近年来，虽然拉萨啤酒、可乐、雪碧等各种饮料大量进入陈塘镇，备受青少年的喜爱，但“芒羌”鸡爪谷酒仍然是夏尔巴生活中的重要饮品，在招待客人、婚丧嫁娶、修房盖屋、宗教活动、节日聚会中都扮演着重要的角色。经过历史的积淀，现在，鸡爪谷酒已经超出了单纯饮用的范畴，成为陈塘镇夏尔巴民族身份的象征，每当有贵客来到陈塘沟时，夏尔巴女性就会手捧盛有鸡爪谷酒的“久卜辛”列队迎接，请客人品尝鸡爪谷酒，表达好客之情。

陈塘夏尔巴的节日众多，有三个年节，分别是藏历十一月初一的“罗萨当布”、藏历十二月初的“罗萨尼巴”、藏历一月初一的“罗萨松巴”，其中，“罗萨尼巴”最为隆重。“罗萨尼巴”是陈塘48名苯教巫师的节日，采取轮流坐庄的方法进行，每年由1名苯教巫师承担所有花费，主要购买鸡爪谷酒、肉和吃食，

① 克利福德·格尔茨. 地方知识——阐释人类学论文集[C]. 杨德睿，译. 北京：商务印书馆，2016：285.

供其他苯教巫师吃喝,一次大约需要耗资3千元—4千元,持续时间为2天。

我们看到,在这些仪式上,鸡爪谷酒都是不可或缺的,它代表了夏尔巴的一种生活方式,体现出人们对神灵的信仰,既是祭祀神灵的重要贡品,又是人神共享的媒介,更是人与人交往的重要载体。夏尔巴在共用一根杆、同喝一桶酒的过程中,实现了民族认同和地域认同,强化了对陈塘沟的归属感,营造出强大的精神世界,支撑起夏尔巴对陈塘这一地域的强烈认同。

(二)夏尔巴男性独特生活方式的体现物

图31 享用鸡爪谷酒的夏尔巴男性

在陈塘镇,夏尔巴男性的社会地位明显高于女性,这种差异在青少年时期就得到了体现,在背负货物时,男孩子和女孩子都要参加,女孩子并没有因为性别而得到优待。夏尔巴男性的生活非常惬意,白天,他们会聚集在陈塘镇"卧塞确林"寺门前的大石头上或小卖铺中聊天,晚上则聚集在饭馆里喝酒、摇色子。正如玛格丽特·米德所言,"在生活节奏比较平缓的地方,女人们忙于劳作,而男人们则把时间消耗在举行仪式和集会之中[①]"。夏尔巴男人们的聊

① 玛格丽特·米德. 三个原始部落的性别与气质[M]. 宋践,等译. 杭州:浙江人民出版社,1988:230.

天也不是完全没有意义,聊天也被夏尔巴认为是在交流信息,商量村寨里的事务,很多棘手的事情就是通过“聊天”解决的。而在聊天过程中鸡爪谷酒是不可缺少的,即使在“洛本”进行宗教仪式时,也是一边做法事,一边饮酒。“食物偏好一旦建立,通常不容易再改变,这类口味偏好深植于根本的经济与社会条件下,而且绝对不仅是为了食物里的养分。”①在我们进行入户调查的过程中,每家每户都有男人在饮用鸡爪谷酒,而只有年龄很大的女性才在饮用鸡爪谷酒。我们认为,夏尔巴男性在饮用鸡爪谷酒时具有优先权,特别是在有客人的场合,鸡爪谷酒是男人们进行交流的重要媒介。

(三)夏尔巴女性的“淘金”宝库

对于农耕民,“传统上一直承担确保自给之巨大作用的女性们很难接近可获得现金收入的活动,参与这类活动的主要是男性。由于男性劳动力倾向于做能获得现金收入的活动,因此,女性不得不去顶替至今为止一直由男性从事的自给性生产。”②在陈塘沟,男人们一般靠从事修房盖屋、修建道路、背运重物等繁重的体力劳动赚取现金,平时的农业活动基本上是由女性承担,现金收入的来源完全控制在男性手中,而女性获得现金的渠道非常少。为了能够增加现金收入,夏尔巴女性也要从事背运重物的工作,这大大增加了女性的工作量和劳动强度。人类学家杉山佑子认为,个人酿酒和销售酒是女性最便于获得货币的手段,妇女们依靠酿酒来维持村级现金的循环。酿酒的原料因地而异,酿酒的时间从下酒曲到出酒约两周就可以了,大多情况是从自己消费用的谷物中匀出一些谷物来使用。③ 这与陈塘夏尔巴女性所面临的情况很相似,因为鸡爪谷酒酿制技艺一直在夏尔巴女性中传承,在市场经济条件下,夏尔巴女性酿造的鸡爪谷酒也就名正言顺地成为了商品,在小卖铺里出售,目前,饮用一

① 西敏司.饮食人类学[M].林为正,译.北京:电子工艺出版社,2015:22.

② 秋道智弥,市川光雄,大塚柳太郎.生态人类学[M].范广融,尹绍亭,译.昆明:云南大学出版社,2006:135.

③ 秋道智弥,市川光雄,大塚柳太郎.生态人类学[M].范广融,尹绍亭,译.昆明:云南大学出版社,2006:137-144.

“久卜辛”鸡爪谷酒的价格为 25 元人民币。依靠这一技艺夏尔巴女性能够赚得一些现金，补贴家用，从而提高了夏尔巴女性的经济自主权和社会地位。

联合国教科文组织在非物质文化遗产保护过程中，提倡“利用非物质文化遗产的潜力及其保护来创造关于如何最好实现性别平等的共同对话空间。”①在陈塘镇，“芒羌”鸡爪谷酒酿制技艺这项非物质文化遗产很好地适应了社会的发展，从一项平常的饮品摇身一变成为商品，产生了意想不到的经济价值，成为了实现性别平等的重要工具。

图 32　给鸡爪谷锄草的夏尔巴女性

五、“芒羌”鸡爪谷酒酿制技艺的保护路径

因为鸡爪谷酒与陈塘镇夏尔巴的密切关系，“芒羌”鸡爪谷酒酿制技艺在陈塘镇得到了很好的传承，我们认为，今后对“芒羌”鸡爪谷酒酿制技艺的保护还可以采取以下途径。

（一）对陈塘沟进行整体性保护，使夏尔巴的传统生计方式得以延续

夏尔巴的“芒羌”鸡爪谷酒酿制技艺能够在陈塘镇传承至今，与陈塘沟

① 联合国教科文组织亚太地区非物质文化遗产培训中心. 实施《保护非物质文化遗产公约》业务指南基本文件[Z]. 联合国教科文组织亚太地区非物质文化遗产培训中心印，2016：75.

的封闭性不无关系。夏尔巴先民在四面环山的山谷地带生活，面对山地多而平地少、森林资源丰富而耕地稀缺的实际情况，创造出了轮歇式农耕生活方式，以主要农作物——鸡爪谷的种植为中心，在冬营地和夏营地轮流生活，减轻了人类活动对自然环境的压力，体现出夏尔巴先民的生存智慧。这种传统的生计方式因为陈塘沟的封闭性而得以延续，并保持着其独特性。

虽然鸡爪谷是陈塘镇夏尔巴的主食，但是人们宁愿多吃小麦和青稞，也要节省出鸡爪谷酿酒，可见夏尔巴对鸡爪谷酒的热爱，这也从另一个方面为鸡爪谷的大面积种植提供了合理存在的理由。正如刘魁立所言："坚持整体性原则是非物质文化遗产保护的必然方向，不但要保护非物质文化遗产的自身及其有形外现，更要注意它们所依赖、所因应的构造性环境。"①"芒羌"鸡爪谷酒酿制技艺的传承离不开夏尔巴女性，更依赖于酿酒原料——鸡爪谷，只有坚持非物质文化遗产的整体性保护原则，保护陈塘沟的生态环境，使夏尔巴的传统生计方式延续下去，才能确保"芒羌"鸡爪谷酒酿制技艺不断传承。

（二）对鸡爪谷酒饮用方式进行改良，使其成为陈塘镇的重要旅游体验物，扩大其社会影响力

夏尔巴一直沿用着众人共用一支咂杆、共饮一桶鸡爪谷酒的传统。这种饮用方式在特定的历史时期发挥着凝聚人心，加强民族认同的作用。近年来，为适应西藏经济社会发展的需要，陈塘镇也在大力发展旅游业。为满足游客的体验性需求，可以在充分考虑游客意愿的基础上，仍然使用传统酒具"久卜辛"盛放鸡爪谷酒，利用陈塘沟丰富的竹林资源，用竹子制作大量一次性的简易咂杆，不用"比星"进行装饰，供游客品尝鸡爪谷酒时使用。这些用过的简易咂杆的处理也比较简单，既可以用来当作燃料，也能当作垃圾丢掉，这些咂杆在陈塘温暖湿润的环境中，很快就会腐烂，回归自然，不会造成

① 刘魁立. 非物质文化遗产及其保护的整体性原则[J]. 广西师范学院学报，2004(4)：5.

环境污染。鉴于一些游客不能适应鸡爪谷酒的微酸口感,可以在饮用时根据个人口味往酒里适量添加白糖,以增加甜度,从而使鸡爪谷酒成为游客必尝的特色饮品,让鸡爪谷酒成为陈塘旅游的名片,增加夏尔巴女性的自豪感,促进“芒羌”鸡爪谷酒酿制技艺的传承。

陈塘夏尔巴的“芒羌”鸡爪谷酒酿制技艺是一种由夏尔巴所创造和享用的地方性知识,将夏尔巴的农业生产、宗教仪式、社会结构串联在了一起,体现出为夏尔巴服务的特点。在地化保护是这一技艺传承的关键所在,也使这项技艺的内涵更加丰富和独特。目前,这一技艺正随着旅游业的发展,从族内走向族外,为更多的人所知晓。

第二节　夏尔巴歌舞的传承

2011 年 5 月 23 日,西藏自治区定结县申报的“陈塘夏尔巴歌舞”经国务院批准列入第三批国家级非物质文化遗产名录。

一、夏尔巴歌舞的来历

图 33　夏尔巴舞蹈①

① 由陈塘镇人民政府提供。

正如前文所述，传说夏尔巴是从东方迁徙过来的“仲巴”和从尼泊尔迁徙过来的“替给巴”结合后繁衍而成的，夏尔巴为了寄托对东方家乡的怀念之情，用跳缓慢的圆圈舞的形式来表达轮回之意，寄托夏尔巴对家乡的感情。

二、陈塘夏尔巴歌舞表演

陈塘夏尔巴歌舞表演时，女性要穿节日的盛装，主要是黑色的氆氇，头上戴着象征珠穆朗玛峰、朋曲河的帽子，侧面插一朵鲜花和孔雀羽毛、用几十枚银币镶嵌在帽子上，并用银链相连，脖子上挂着由几十个或上百个银币连接而成的项链，腰部系着银腰带，手腕戴着右旋的白海螺，耳朵上戴金耳环。跳起舞来这些银饰品叮当作响，闪闪发光。

陈塘夏尔巴歌舞由六弦琴、胡琴伴奏。参加歌舞表演以女性为主，一般在节日、集会、假日和客人来访时举行，场地大小不限，有较大的随意性。在表演时，男性弹琴拉胡琴，女子会随拉胡琴的旋律围着篝火跳圆圈舞，边跳边唱，表演人数不限。

陈塘夏尔巴舞蹈形式以圆圈或半圆圈为主，讲究手姿、脚法、腰身和臀部的摆动和弯曲。表演时女性们手抱腰，臂相连，组成集体圆圈或半圆圈，在动作表现上，脚部多用蹭、踏等姿势；膝盖多弯曲；身体多用拧、摆、扬等姿势；肩部多用抬、端、晃等姿势；手部多用抬、晃、甩等姿势。眼睛要跟着手部走，基本步伐和手势有“跄步”“两步一跺”“围腰手”“身前交叉手”等。

陈塘夏尔巴的民歌歌词分为传统词和新编词两种。传统歌词以古代传说、农牧技能、宗教颂歌、建筑技术等内容为主；新编歌词则以歌颂山川美景、男女爱情为主。此外，还有讽刺、劝诫等方面。歌词的体裁有六言、七言、八言等多种，有四句、六句、八句或多句多段体。

夏尔巴歌唱方式以原生态唱腔为主，其乐曲调清脆。表演者开始时歌声缓慢、舞蹈为舞姿优美的抒情慢舞。然后以慢板的旋律绕圈，逐步加速转入中板舞，紧接着转入快板。

图 34 朗嘎和姐妹们一起跳舞①

每年的藏历六月初四，陈塘夏尔巴都会聚集在广场上进行歌舞表演。表演者一般是男人起调，唱一句，然后女声再跟进，然后搭脚，二人或三人手放在其他人身上，转小圈。圈中央放置各式酒水供人享用。2021 年国务院公布的第五批国家级非物质文化遗产代表性项目陈塘夏尔巴歌舞的代表性传承人是朗嘎。②

三、聂拉木夏尔巴歌舞的传承

聂拉木夏尔巴歌舞舞姿优美，歌声动听，服饰装扮别具一格。已经传承了数代人，音符里出现半音上下、中慢两速、节奏稳定等特点，给人优美动听的享受。早期的伴奏乐器为口弦琴，使用竹片和铁片制作而成，含在嘴里，用口型控制音乐的高低变化。由于技巧性很强，难以学习，后来逐渐改为使用口琴，便于使用。

2016 年，为了更好地保护传承夏尔巴歌舞，国家投入 1200 万元专项资金在陈塘镇建设夏尔巴歌舞传习所。对陈塘夏尔巴歌舞的保护补助费达到 190 万元人民币；2017 年，陈塘夏尔巴歌舞保护利用设施建设项目已列入中

① 由陈塘镇人民政府提供。

② 根据陈塘镇人民政府提供的资料编写而成。

央“十三五”时期非遗储备库项目，1200 万元中央资金已落实到位；2018 年，传习所建设完成，占地面积 2700 多平方米；2019 年 11 月，“国家级非物质文化遗产代表性项目保护单位名单”公布，定结县文化和旅游局获得“陈塘夏尔巴歌舞”项目保护单位资格。①

第三节　陈塘夏尔巴婚俗

一、陈塘夏尔巴的择偶观

关于陈塘镇“替给巴”和“仲巴”两个群体通婚的历史，当地流传着这样的说法。最早时陈塘是一片荒地，“替给巴”的祖先是从尼泊尔的一个叫瓦垄的地方迁徙过来的。关于“仲巴”的来源当地有很多种说法，陈塘夏尔巴普遍认可的是祖国中原地区发生战乱，有一些蒙古人流落到陈塘，开垦荒地，繁衍了下来，形成了“仲巴”。那时这两个群体分开居住，也不通婚，一天，有一户“替给巴”生下一个私生女，因害怕被责骂，将私生女扔到了野外，被一个老人捡到了，就用一个大大的树叶包起来抱了回去。养大后，这个女孩就嫁给了“仲巴”，从此以后，“替给巴”和“仲巴”两个群体开始通婚，逐渐形成了现在的陈塘。虽然关于夏尔巴来历的解释与前文的传说不同，但这个传说却清晰地说明了夏尔巴两个群体间通婚的历史。

按照传统习惯，“替给巴”和“仲巴”两个群体间可以通婚，但各自群体内部是严禁结婚的，如果一旦发现“替给巴”“仲巴”内部通婚的情况，就要处罚男女双方家长一头牛，并用湿牛皮包住违反禁忌的两人，扔到河里淹死。如果男女双方有亲戚关系的话，至少要间隔三代才能通婚，否则一旦村里发生自然灾害，就会认为是因为这两家人通婚坏了规矩引起的，全村人会联合起来把这两家人赶走。在婚配对象上，夏尔巴可以和汉族人、藏族人结婚，还

① 根据陈塘镇人民政府提供的资料编写而成。

可以和尼泊尔人结婚。夏尔巴男性找对象时主要是看对方的长相和家庭财产,夏尔巴女性选择配偶的标准有:第一是能力,生存和干活的能力;第二看人际关系,占有的社会资源;第三看长相。家境富裕的标准是有土地,有牲畜,有家具,旧社会时最富裕的人家有 4 亩地,2 头犏牛,10 头黄牛,有水桶,有火塘,用铁质的火圈做饭。穷人用的是三个石头垒到一起的简易灶。现在则要看男方家给儿子修的房子、买的车子和其他物质条件。

二、婚礼过程

(一)修建房屋

陈塘镇的夏尔巴流行娃娃亲,小孩子会走路的时候就可以定亲,男方家长拿一条哈达,送到看中的女孩家里去,叮嘱女孩的父亲道:“你的女儿不要嫁给其他人,一定要嫁到我家”。并且请中人做保,立下文书,以一块土地做担保,相当于订婚。如果长大后一方反悔,悔婚的一方就要把当初做担保的土地送给对方。现在,随着社会的发展,定娃娃亲的现象正在逐步减少。

图 35　修建房屋

按照传统习惯,陈塘夏尔巴的男孩长到谈婚论嫁的年龄后,父母就要给他修建房屋,陈塘夏尔巴的传统房子都是石木结构,干砌而成,不用泥巴等黏合剂,木头是从山里砍伐而来的,石头也是随地取材,盖房子时都是从村里请人,带有帮忙性质,不需要付工艺费,盖房者要招待工人的三餐,房子最多花费3万元就能盖好。

(二)提亲

房子修好后,夏尔巴男子就开始物色结婚对象,确立关系后,男方要到女方家去提亲,送酥油、哈达、青稞酒,女方家接受就表示同意了这门亲事。在陈塘镇夏尔巴的亲事定下来后,男方要给女方送一套夏尔巴服装,用夏尔巴传统的铜器给女方送20桶青稞酒,还要送一些铜质器具和吃食,如果男方家境富裕,还会为女方打造银耳环、银手镯、银项链、银戒指和一顶银器做成的夏尔巴传统的帽子;如果男方家境非常富裕,就会用纯金打造首饰。女方家的嫁妆多是一块田地、一头公牦牛或公犏牛、一些青稞、被子、一套夏尔巴服饰和一口箱子。夏尔巴青年男女能否结婚,要由"阿雅"说了算。阿雅必须是男性,而且要是比较能干的人,年纪大小无所谓。阿雅是世袭的,一代传一代。每个家族一般都会有两名,一名阿雅跟随人们去夏营地的话,另一名就留在冬营地。

(三)举办婚礼

陈塘镇夏尔巴的婚礼一般会持续三天。第一天,新郎和新娘要穿夏尔巴传统服饰,把上师请到家里朝拜,男女双方所信仰的上师虽不同,但在派别上都为藏传佛教。上师会用酥油做成一个山形的头饰让新郎戴在新娘的头上,然后,再由新郎的母亲亲自为新娘取下。男方家会宰杀1—2头犏牛,做好各种吃食;第二天,陈塘镇所有的夏尔巴都会被请到新郎家里为新人的婚礼送上祝福,一般每家派一个代表,给新人送上50—100元不等的礼金、碗、碟等厨具,关系较好的亲朋好友会送上100—200元的礼金,还会送一些铜器、衣服和吃食。新郎的父亲会招待到来的夏尔巴客人喝青稞酒,吃婚礼宴;第三天,新郎要带着各种食材,特别要带青稞酒和肉,来到新娘家,亲手为新娘的父母做一顿饭,一般所做饭菜多为一锅米饭和一锅肉菜,新娘的父母吃完后会夸奖女婿的厨艺。夏尔巴女性右手都戴着白海螺,戴上去就不会取下来,即使睡觉时也不会取下来,如果干活时不小心碰碎了,就再买一个新的白海螺戴上。陈塘镇的夏尔巴女性认为白海螺是吉祥的化身,活着的时候戴白海螺,死了以后,它就能够指引这个女性前往天堂。

夏尔巴村民们会在新郎家里连吃三天,主要吃米、面、牛肉,喝鸡爪谷酒,还会即兴表演夏尔巴舞蹈。

(四)回门

婚礼结束 3 天后,新娘要回一次娘家,但不能在娘家过夜,当天必须返回自己的小家。夏尔巴嫁出去的女儿怀孕后不一定会告诉娘家,生下孩子后,两人会带着小孩回娘家,娘家人会给孩子送衣服,还给女儿一些鸡爪谷、大米、菜、肉等滋补品,娘家有啥就给啥。如果结婚后不能生育孩子的会离婚,然后再结婚。

三、夏尔巴婚俗的文化内涵

20 世纪 30—40 年代,陈塘镇夏尔巴与尼泊尔"唐木青"地方的人通婚最多,主要以女性为主,男性入赘的情况极少。21 世纪以来,由于边境管理政策收紧,陈塘镇夏尔巴和尼泊尔夏尔巴相互通婚的人数不多,2008 年以后嫁到陈塘镇的十多名尼泊尔女性都没有落实我国的户口,但派出所给这些尼泊尔女性生育的孩子上了户口。

客观地说,一直以来,陈塘夏尔巴的生活水平比较低,重男轻女思想比较严重,女孩从小就要干活,男孩的主要任务是玩耍。在陈塘镇的水源地,到处都是在洗衣服的小女孩,小男孩们则是在村子里跑上跑下。夏尔巴也没有养老的习惯,父母把孩子养大,给儿子修了房子,娶了老婆,把女儿嫁出去,任务就完成了。从此各过各的,子女没有给父母养老的义务。婚礼就为夏尔巴提供了聚会的机会,对提高夏尔巴的民族认同感和对陈塘的地域认同感发挥着非常重要的促进作用。

第四节　陈塘夏尔巴玛尼藏戏的传承

一、陈塘夏尔巴玛尼藏戏的起源和历史

根据当地资料，一百多年前，陈塘夏尔巴玛尼藏戏从西藏腹心地带传入，其起源和众多藏戏一样，都和唐东杰布有关。陈塘夏尔巴玛尼藏戏有自己的表演队伍，由于陈塘镇地理位置较偏远，与外界接触较少，导致陈塘夏尔巴玛尼藏戏的知名度不高。

目前陈塘夏尔巴玛尼藏戏队有 17 名演员，能够完整演绎夏尔巴玛尼藏戏的人员只有 3 人，其中，罗布是日喀则市市级非物质文化遗产代表性传承人。

图 36　陈塘镇藏戏表演①

二、陈塘夏尔巴玛尼藏戏的内容

现在，陈塘夏尔巴玛尼藏戏队能够表演的只有《朗萨雯蚌》《智美更登》

① 由陈塘镇人民政府提供。

《诺桑法王》这三种剧目,《帕多》《强国塔修》等一些剧目已经失传,无法表演。陈塘夏尔巴玛尼藏戏区别于传统藏戏之处在于和玛尼措巴节相融合,结合了陈塘夏尔巴民族的特色歌舞,在表演时穿插着歌舞。《朗萨雯蚌》,亦名《朗萨姑娘》。“朗萨”是其名,“雯”意为光芒,“蚌”是十万的意思,“朗萨雯蚌”即闪耀着十万光芒的朗萨姑娘。在传统藏戏剧目中是唯一直接采用西藏社会现实生活中真实事件和与之相关的传说材料编撰而成的剧目;《智美更登》系佛经故事剧,故事来源于藏译经藏《方等部·太子须大拏经》;《诺桑法王》故事源自反映释迦牟尼本生事迹的藏译经藏《甘珠尔·百世如意藤》64 品“诺桑明言”。

三、陈塘夏尔巴玛尼措巴节

陈塘夏尔巴玛尼藏戏的表演与玛尼措巴节关系密切,这个节日是陈塘夏尔巴的传统节日。在节日当天夏尔巴男士会穿着夏尔巴传统服饰跳夏尔巴玛尼藏戏,表演《朗萨雯蚌》《智美更登》《诺桑法王》剧目。

据夏尔巴先祖口传,唐东杰布无父无母,是从唐卡中跳出的神,因而他们信奉唐东杰布,并把画有唐东杰布的唐卡供奉在一间近似于寺庙的房间里,代代相传。平时,除了在跳夏尔巴玛尼藏戏时领头者可触碰此唐卡之外,其余任何人在任何时间都不能触碰这幅唐卡。领头者本人在中午 12 点请出此唐卡后,直到晚上 9 点送回唐卡的这段时间里,领头者本人都不能触碰任何“脏东西”,也不能上厕所,其他藏戏队员也是一样,如果违反禁忌,这一年的夏尔巴玛尼藏戏表演就不能算成功。

在大约一百年前,这幅画有唐东杰布的唐卡突然从所供奉的房屋里消失,于是,屋里留下的一尊佛像就被认为是从唐卡中跳出来的神,继续留在这间房屋里接受陈塘夏尔巴的供奉,而供奉佛像的仪式、过程和所形成的禁忌与之前供奉唐东杰布唐卡时的待遇是同样的。

在夏尔巴玛尼藏戏表演之前,被视为唐东杰布卫士的 6 名管理人员会和领头者、队员一起前往陈塘镇每家每户夏尔巴家里,收取米面和其他所用物品，这些收来的物品被用来供奉佛像和表演的开销用度，东西如有剩余，则会被6名卫士收藏管理。这段时间内，如果表演夏尔巴玛尼藏戏的队员遇到困难，便可请这6名卫士进行协助解决，如有东西丢失，6名卫士找不到丢失物品，卫士本人则会出钱帮其再买一件相同或相似的物品，送给这名丢东西的队员。在表演夏尔巴玛尼藏戏时，这6名卫士也会在台下观看并维护现场的秩序，以防止激动的人群打乱表演节奏。

图37　陈塘镇藏戏表演人员①

四、夏尔巴玛尼藏戏的传承

表演夏尔巴玛尼藏戏时需要12名队员，其中，台上有一名队长专门负责领头，其余队员均为藏戏表演家族代际相传，一般只传给长子，从孩子会说话时，父亲就开始给其传授夏尔巴玛尼藏戏的动作、唱法和故事内容。领头的队长在夏尔巴玛尼藏戏表演前几天，要负责人员组织等事宜。11名队员紧随队长的步伐和节奏，不能有任何差错，否则会被在一旁监视的苯教法神的4名护卫记录下来，并在第三月举行祭拜苯教法神时进行惩罚。

① 由陈塘镇人民政府提供。

表 1　定结县陈塘镇夏尔巴玛尼藏戏队队员表①

姓名	性别	文化程度	担任角色	居住地
云旦罗布	男	小学	猎人	比塘村
普布	男	小学	猎人	比塘村
南木加	男	小学	猎人	休修玛村
片多	男	小学	王子	萨里村
尼玛多吉	男	小学	王子	比塘村
珠巴	男	小学	鼓手(僧人)	沃雪村
普塔	女	小学	保管员	沃雪村
罗布	男	小学	仙女	沃雪村
边巴	男	小学	仙女	沃雪村
普布	男	小学	仙女	沃雪村
加巴	男	小学	仙女	沃雪村
尼玛	男	文盲	仙女	比塘村
多吉	男	小学	服装管理员	比塘村
巴桑	男	文盲	服装管理员	萨里村
曲培	男	小学	服装管理员	沃雪村
达瓦	男	文盲	服装管理员	比塘村

这 11 名队员在成为夏尔巴玛尼藏戏队员之前，要经过严格的考试，考试形式分为口试和舞试。口试即为上一代精通夏尔巴玛尼藏戏故事内容的长者，对下一代进行口头上的内容相传，受教的队员需在 7 日内将长者所传授

① 根据定结县陈塘镇人民政府提供的材料整理而成。

的夏尔巴玛尼藏戏故事内容一字不差，并非常流利地背诵出来，否则，在 7 日之后的考试中便不能顺利过关，也就不能成为夏尔巴玛尼藏戏的一名正式队员；舞试主要是检测新一代队员表演时的动作是否符合夏尔巴玛尼藏戏的严格标准，由上一代队员根据具体动作分开来教，每天教一个内容，然后，在第二晚开始让学员重复上一晚所教的内容。最后，在所有内容都传完之后，老一辈队员会在一个晚上对学员进行藏戏动作、口头内容的协作演唱，如若考试合格，此学员便可以成为一名正式的夏尔巴玛尼藏戏队员。

54 岁的 GD 是沃雪村人，她的丈夫是陈塘夏尔巴玛尼藏戏队员，已经跳了 30 年了。她的丈夫大概是 22 岁时，正式成为夏尔巴玛尼藏戏的队员。每年玛尼措巴节日期间，要表演夏尔巴玛尼藏戏时，丈夫都会全副武装，到从庙里请出的佛像前表演，陈塘六个行政村的村民大都会每人给他家送一碗米作为酬劳，感谢他的精彩演出。

现在，陈塘镇的夏尔巴年轻人里也有非常喜欢藏戏的小伙子，沃雪村 22 岁的 BMDZ 就是比较杰出的代表。虽然还不是陈塘夏尔巴玛尼藏戏团的正式队员，只因喜欢跳藏戏，从 2015 年开始就跟随陈塘夏尔巴玛尼藏戏团到西藏各地参加会演活动。

第五节　陈塘竹编制作技艺的开发

陈塘镇海拔低，气候宜人，林木资源十分丰富，尤其是竹类资源。陈塘竹编有着悠久的历史，属于代代相传的民族手工业，有工艺精致、携带方便的特点，收藏价值和文化价值高。

一、夏尔巴的传统竹编

夏尔巴的竹编产品都是一些生产生活用品，主要有竹筐、背篓、竹篮、竹绳等，具有结实耐用的特点，但也比较粗糙。其中最有特色、制作最为精细的是婴儿用的摇篮，夏尔巴的摇篮呈长方体形状，长、宽、高分别为 80 厘米、

40 厘米、40 厘米，里面铺上被褥，具有通风透气的特点，很适应陈塘沟的天气。夏尔巴会在摇篮中婴儿头部位置的竹片中插入一把小刀，只留刀柄在外面，据说能发挥辟邪的作用，保证婴儿顺利长大。家长哄小孩时，会在摇篮两头绑上绷带，挂在额头上旋转摇摆，或将摇篮放在地面上摇摆。

图 38　编制摇篮

图 39　用摇篮哄小孩的夏尔巴女性

二、新式竹编产品

随着社会发展的需要，陈塘镇夏尔巴粗放式的竹编产品无法打造成工艺品和旅游纪念品，为了适应陈塘镇发展旅游业的需要，当地政府积极寻求祖国内地省市的帮助，在四川省青神县政府的帮助下，于 2015 年邀请了青神竹编国家级非物质文化遗产传承人陈云华及其弟子到陈塘镇对擅长竹编的夏尔巴进行培训，教会夏尔巴编制竹椅子、竹沙发、篮子以及唐卡等多种实用家具及工艺品，获得成功。除了邀请四川省青神县的竹编非物质文化遗产传承人到陈塘镇当面传授技艺外，陈塘镇政府每年还会选派夏尔巴竹编艺人中的佼佼者到青神县去学习、进修，进一步拓宽竹编产品的种类，使竹编艺人学会了创作祖国内地的财神、寿星等题材的竹编作品。陈塘夏尔巴开发的竹编产品曾获得日喀则“十大最具市场前景手工制品”称号。目前，陈塘竹编产品正朝着产业化方向迈进。

图 40　新式竹编桌椅①

在众多新式竹编产品中，最受游客欢迎的当属竹编唐卡，主要的编制工艺流程分为三个环节：第一步，画师用刮青刀先将一厘米宽的竹篾条刮至纸

① 由陈塘镇人民政府提供。

张的薄度。对于厚度,画师一般不进行测量,而是根据竹条的透明度,来判断是否达到要求的厚度,以透过竹条能看清后面的字为准;第二步,竹条刮好之后按照工艺品色彩要求染色,图案颜色主要以黑白两种颜色为基本色,上色晒干之后,竹条就可以作为竹编唐卡的材料使用了;第三步,画师先用特制的竹篾刀,把刮好的竹纸条分成十二根丝,每根竹丝都要求细如发丝。竹编艺人会根据竹编唐卡的大小和造型,事先准备一定数量的竹丝,然后就开始创作,由于竹子的柔韧性问题,中间会有很多竹条和竹丝被刮断撕裂,所以竹编艺人也无法统计这样一幅竹编唐卡到底用多少根竹条。

图 41　竹编唐卡①

竹编唐卡和西藏的传统唐卡一样,每一幅都要完全依照佛经的描述精心绘制,每一个佛像在相应的佛经里都有,内容以佛、菩萨、佛本生故事为主。一幅竹编唐卡制作工艺,非常繁琐复杂,完全靠手工完成,花费较长时间,需要竹编艺人有耐心、毅力、智慧,是一项非常复杂的传统工艺。一般制作一幅竹编唐卡,一名竹编艺人需要花费近半个月时间才能完成。作品完成后,经过装柜、装裱、装架,一幅制作精美、价值不菲的竹编手工艺品就面

① 由陈塘镇人民政府提供。

世了。由于竹子特有的光泽和柔韧，竹编工艺品有着丝绸一般的光泽和柔滑，而将此项工艺与西藏传统文化相结合制作的竹编唐卡，更是有着独具民族特色的艺术魅力。

第六节　陈塘夏尔巴射箭和夏尔巴服饰的跨国传承

一、陈塘夏尔巴射箭节的来历

特殊的地理位置造就了陈塘夏尔巴独特的民族文化因子，一年一度的射箭节，称为“达孜”，是陈塘夏尔巴最主要的节日，该节日在每年藏历十一月一日（“多罗罗萨”）举行，也是一年一次的重要文化节日。相传夏尔巴的祖辈初到陈塘时，为了解决生计问题，就以打猎为生，逐渐形成了陈塘夏尔巴“人人能射，户户备弓”的风俗，一直传承至今，并从最初的打猎形式演化为独具特色的地方性娱乐活动。

二、陈塘夏尔巴射箭节的过程

夏尔巴非常注重对本民族传统文化的保护和继承，对于夏尔巴来说，射箭竞赛不仅仅是一种传统体育竞赛，也承载着夏尔巴祖先的智慧和本民族的文化变迁历史，保留着很多传统的习俗和礼节，具体仪式主要有：

第一部分：在大年三十（南康）晚上，村里德高望重的长辈会从众多男性中选出6—7名六十岁以上在村里有威望的男性，挨家挨户通过唱“雅格”来诉说夏尔巴聚居的陈塘来源，世间万物的起源以及祝福住户一年来的丰收和幸福，“雅格”的大概内容为：从前，地球上没有土地，也没有山。是先有了海洋，在海洋中间起了一个金色的泡沫，那泡沫中间有一点土堆，在土堆中间涌出了珠穆朗玛峰，然后产生了世界万物包括人类。人类开始建房、耕种、养牲畜，过上了幸福的生活。

第二部分：初一（“次极”）当天举行射箭活动，射箭是陈塘夏尔巴传统新年最热闹的活动。陈塘射箭竞赛主要分两个大队，每个大队分别代表当年属相和次年的属相，每个大队下面又会分几个小队，整个比赛的器械、比赛过程等都别具特色。从比赛的器械来看，陈塘夏尔巴射手使用的器械是“帕布弓”，帕布是一种罕见的竹子，因气候环境等原因，陈塘沟无法生长这种竹子，所以陈塘夏尔巴做弓所用的帕布竹子需要从尼泊尔购买。陈塘夏尔巴对帕布竹子有严格的要求，必须要长着五个结节的帕布竹子才符合制作弓的条件，箭是用竹竿铁镞的羽尾箭，制作箭的竹子必须是生长在阳光照射较少地方的竹子，因为在这样环境下生长的竹子才会坚硬且不易折断。

届时，夏尔巴男人会穿着夏尔巴传统服装出席仪式。筹备赛事的管理人员会先在空地中竖起两根正对着的木桩作为靶子，两靶相距 50 米，靶子上画着圆圈，木桩顶部搭着一根长竹竿，用线悬挂哈达和 5—100 元不等面额的人民币，总金额大概有两到三千元现金。老人们坐在高处，一边欣赏射箭比赛，一边负责担任裁判。

比赛开始前，参赛的人员会被分成两队，每队选拔出一名队长和二十名射手，每队队长会率先出战“开靶”，按照传统习俗，开靶的人必须是当年属相并箭技高超的人，如果第一箭射中寓意当年全村会风调雨顺，随后监靶人的一声令下双方进入正式比赛状态。按照传统第一个出场的一般都是当年属相队，在比赛过程中如果射手射中靶心，监靶人中一名威望较高的人出来唱“达布协”①，唱词大意为：

“长在珠峰南坡悬崖上笔直的竹竿，
是从千千万万个竹竿中寻找到的，
这条竹竿由优秀的夏尔巴竹匠用心制造成箭，
然后制造成弓，
这套弓箭在夏尔巴男人雄鹰般气魄的加持下，
让箭一次又一次射中目标。”

① 是一种类似于藏戏中的“协巴”。

对于夏尔巴男性来说,能够被村里的长辈认可自身的箭术是无上的荣耀。然后每队队员会依次向对方的木桩射去。在两根木桩中心处,都会用1、2、3、4等数字标画出靶形的形状,待双方队员的射箭比赛结束后,赛事管理者会对两队的中靶情况进行查看并报靶,进而核算出谁是胜利的一方。胜利一方的队员会得到木桩顶端的现金,射中最靶心的队员会得到系在木桩上的哈达。胜利的队员会用得到的现金购买鸡爪谷酒和拉萨啤酒,并邀请村里的男女老幼共饮,大家喝酒吃肉跳舞,直至天亮,射箭节一般是一天结束,如果酒肉太多,一天吃不完,节日就会持续两天。

每一个夏尔巴的血液里都流淌着对大自然的敬畏和对珠穆朗玛峰的敬仰,在陈塘夏尔巴举行射箭竞赛的过程中,有很大一部分仪式都与敬畏自然和敬仰珠穆朗玛峰有关,这充分说明陈塘夏尔巴对陈塘沟自然环境的认识和适应。

三、陈塘夏尔巴服饰

陈塘夏尔巴女性服饰与藏族女性基本一致,夏尔巴女性头上梳着一条带红穗的长发辫,大多穿黑色的氆氇呢袍和色彩鲜艳的长袖衫,下身一般穿用花布做成的多褶长裙。夏尔巴女性从小就要戴一个小型耳环,等到成年后再换成男方赠送的大的金质耳环。此外,她们还喜欢戴戒指、银镯、项链和玉镯。夏尔巴女性服饰的独特之处主要体现在帽子上。

(一)陈塘夏尔巴女性帽子的构成和象征意义

陈塘夏尔巴女性的帽子由红色呢绒和彩色布条制成,帽顶插有杜鹃花和孔雀羽毛,帽檐饰有九枚银币并向上突起。一顶小小的帽子,蕴含了诸多象征意义。帽角的顶端都插着孔雀羽毛和鲜花,象征茂密森林里生活着包括美丽的孔雀等各种各样的鸟类;边角上有红、黄、蓝三种颜色,象征着茂密的原始森林;上边的红色圆顶,象征着美丽的高原湖泊羊卓雍措;帽子两边白色的银丝条子,是珠穆朗玛峰的象征;帽子一端用银币镶的链条,是许多珍稀野生动物的代表;帽边到帽顶拉着的一串串珍珠,代表着滔滔不绝的雅鲁藏布江;帽顶象征清澈的湖泊,帽檐象征巍峨的高山,寓意为群山环抱着美丽的湖泊。经过世世代代的沉积，陈塘夏尔巴女性把对大自然的崇拜、对美的理解与追求都集中体现在这顶制作精美、内涵丰富的帽子之中。脖子上挂着由两百多个银环连成的项链，胸前挂着六个银制的小串子，腰部系着银子做成的银带，象征着富有。

图 42　盛装的夏尔巴女性

夏尔巴在服装上，除了身前系着与藏族女性一样的“邦典”之外，手工编织的宽大的五彩氆氇紧紧地围在腰间，越发显得她们身形优美，婀娜多姿。她们手腕上戴着白色海螺手镯，被认为是海洋文化的一种体现，符合“定结是从水里升起的地方”的传说。陈塘夏尔巴的服饰总体体现着天人合一的思想，表现着她们对大自然的热爱和对美好生活不懈追求的情感。

（二）夏尔巴男性服饰

陈塘夏尔巴在解放前大多很贫困，只穿着短裤，赤足。现在衣着有了很大改善。男人通常喜欢穿白色的服装，里面穿衬衣，外面罩着一种用牛羊毛织成的叫“普都”的外套，下面是用白布或白绒布做成的紧腿裤。老年人都戴着毡帽，青年人则戴船形帽；大多不留长发，不留辫子，蓄有短发，发丝微卷着；大多数人戴戒指，腰间挂一把“库尔奔”砍刀，这种砍刀不但是劈山开路和自卫的武器,还是切菜切肉和劳动生产的工具,同时也是显示男性威武之气的装饰品;喜欢戴耳环。未婚者戴银、玉和铜耳环,已婚者则大多戴金耳环,耳环上镶嵌各种颜色的宝石。夏尔巴男性所戴的耳环比藏族男性的耳环略小。

图 43 盛装的夏尔巴男性

（三）夏尔巴的佩饰

在佩饰上,夏尔巴喜欢佩戴金"嘎乌",这是用银和白铜打制而成,做工精致。男性佩戴的"嘎乌"外形犹如佛龛,浮雕着吉祥八瑞等图案;女性佩戴的"嘎乌"则是圆形或椭圆形的,上有浮雕山峰、水浪、串枝莲等图案。佩戴"嘎乌"的带子也很有讲究。男性的一般是用绵缎或红丝绒缝制的,镶嵌银链、银花,还缀着璁玉、玛瑙等作装饰,一般都斜挂在左腋与左臂间;女性则用项链或丝绸套在脖子上,悬挂胸前。

四、陈塘夏尔巴射箭、服饰的传承

陈塘夏尔巴射箭、服饰是多种文化混同的结果,既可以看到藏族文化的影子,又表现出该群体的独有文化特色,反映出对珠穆朗玛峰的崇拜。在用材上受尼泊尔的影响较大,尼泊尔银币的大量使用体现出异国情调,很好地诠释了夏尔巴分布在中尼两国的特点。只要夏尔巴的这种分布格局不被改变,陈塘夏尔巴射箭、服饰就会随着夏尔巴的繁衍而不断传承下去。

第三章　僜巴的社会生活

僜巴主要分布在我国西藏自治区林芝市察隅县的额曲、察隅县曲、格多曲和杜莱曲流域。截至目前,我国境内僜巴有2000人左右,主要居住在察隅县的下察隅镇。

第一节　僜巴的来源和分布

研究族群社会的历史记忆有益于理解当前民族关系,有利于加强民族间的交往交流交融。族群从来不是凭空出现的,而是有其形成、发展的历史脉络,并在这一历史发展过程中,逐渐形成了属于本民族所特有的文化特质。僜巴社会的历史记忆可大致分为族源神话与迁徙记忆两类。前者主要是讲述族群起源、该族群与周边民族的关系,后者讲述该族群在历史过程中的迁徙流变。其族源神话、迁徙历程等历史记忆。

一、僜巴的族源和氏族

僜巴是一个与藏文化截然不同的部落族群,有自己的语言,但没有文字。"僜巴"是中华人民共和国成立以后,对居住在察隅县一带僜巴的汉语称呼。"僜巴"自称"代巴麦(玫)",而"巴麦(玫)"意为"族",故可称之为"代族"。"僜"是"代"的变音,在僜语中是"穷人的意思"。当地藏族人称他们为"僜巴",藏语"巴"即为"人"。印度人称之为"米什米(mishmi)",英语称之为Mismi,即"未开化的人"。此外解放前的藏族农奴主阶层、上察隅县一带的藏族还称僜巴为"那哄",即有大耳朵、大耳朵眼的人,这种称呼带有歧视色彩。僜巴文化一般通过其民俗活动、宗教信仰、服饰语言,以及口耳相传等形式传承下来。

（一）僜巴的族源

每个民族几乎都有其族源神话传说，僜巴的族源神话传说描述了僜巴的起源和历史。僜巴没有文字，其神话传说是人们通过口耳相传的形式保存下来的，是僜巴民族文化的结晶，同时对维持僜巴内部的族群认同有着重要意义。这些族源神话广泛流传于僜巴社会中，受到社会成员的广泛认可。

图 44　僜巴雕塑

在僜巴流传的《始祖阿加尼的传说》中提到："很久以前，水天相连。一个名叫'德绕高'的人准备创造大地，第一次，他先用四根钢柱架在水上，因钢柱太少，支撑不住倒塌而失败；第二次他用八根钢柱重新架在水上，钢架立稳后，再往钢柱上放上煤，煤上再铺土，周而复始，在德绕高的不懈努力下，最终成功创造大地。

后来，这片土地上出现了一个名字叫'阿加尼'的僜巴，他有一个妹妹和一个一母所出的公猴子。到了需要结婚的年纪，第一次由阿加尼外出，找了老鹰作为他的妻子，但老鹰每次做饭的时候，都会把自己身上的羽毛掉进饭里面，阿加尼无奈，只好另找贤妻；第二次由公猴子外出，公猴子在大地上繁衍了很多自己的后代。第三次还是由阿加尼外出,阿加尼想带回一只母猴子做妻子。母猴子却和阿加尼说在箭术上胜过它才能当他的妻子。由于母猴子箭术精湛,一箭就射中了蜘蛛网上面的树叶,而阿加尼始终射不中。过了一段时间后,阿加尼又对母猴子说:'我们再来比赛射箭,看看谁的箭能射进石崖里。'还是由母猴子先射,箭头碰到石崖就掉了下来,而阿加尼用涂了蜂蜜的箭去射石崖,箭就粘在石崖上了,阿加尼终于凭借聪慧在箭术上赢得了胜利,顺利地娶了母猴子。

往后的日子里,阿加尼很勤快,每天日出而作日落而息,但是母猴子很懒,不愿意去劳动,总是坐在地上对阿加尼说:'偷点其他人种的粮食吧!'阿加尼却不赞同母猴子的做法,从此阿加尼就和母猴子分开了。

但是,不久之后由于地震,地下的煤都燃烧了起来,阿加尼实在没有躲藏的地方,只好砍下芭蕉树造船后,躲在水中。过了很久,由于水位上升,大火终于熄灭了。即使在大火熄灭后,水位并没有停止上升,阿加尼只能搬往山顶,并在山顶上发现了野葱,阿加尼将他们收集起来,之后他又创造了三石灶、石锅等。后来,水位终于降下去了,阿加尼又搬回了山下生活。

阿加尼有四个儿子,长子叫东衣、次子叫东马、三子叫东都、四子叫东代。最开始的时候,大哥对弟弟们说:'我们四个要永远在一起!'但是后来他们又商量分家。老四先走了,他去山上开荒种小米,后来三个哥哥也分别走了,几乎带走了家里所有的东西。老大去了祖国内地,住在了平原,成了汉族;老二成了藏族;老三成了珞巴族;老四从山上回来后,发现家里只剩下一张野狗皮、一张竹席、一点粮食和一头'巴麦牛'①、一只山羊和一头猪。他打算去抓这些动物,结果一个都没抓住。去抓牛,牛跑到了山里成了野牛;去抓羊,羊跑进山里成了野羊;去抓猪,猪也跑到山里成了野猪。家里本来

① 僜巴养的一种优质牛,体格比较肥大健壮,每头巴麦牛可以换二三头黄牛。

有文字，但被大哥、二哥和三哥带走了，只给老四留了张字条，老四回家后肚子太饿，把字条吃掉了，后来老四成了僜巴，所以僜巴一直没有他们的文字。”①

这则族源神话讲述了汉族、藏族、珞巴族、僜巴在其始祖阿加尼的带领下，从山顶到山下生活的历史过程，反映了汉、藏、珞巴和僜巴同根同源的事实，同时也体现出其对中华民族共同体的认同。在神话中，僜巴居住在山间，用石锅石灶烹饪，正是对僜巴原始社会的真实写照。直至西藏和平解放前，察隅县的僜巴都是居住在深山中，过着刀耕火种的生活。后来在中国人民解放军的帮助下才得以迁至现在的平地，过上幸福的生活。

二是各民族起源于同一个母亲的故事：以前，大地上只有一个女人。有一天，她被风吹了一下就怀孕了，生下来四兄弟，老大叫“东克”，其他三人分别叫“东马”“东都”“东代”。兄弟四人长大后要离开家乡去寻找更加富饶的地方。哥哥提议自己先为弟弟们寻找适宜之地，找到之后，再让弟弟们搬迁过去。东克爬山涉水，历经千辛万苦，终于到达了平原。这里气候宜人，物产丰富。他在找寻的途中都在树上刻下记号作了标记。但这种树有很强的愈合能力，弟弟们没能找到记号，无法与大哥会合。兄弟三人商量出一个办法，决定各自去不同的地方找大哥，但最后他们都没能找到大哥，又各自找了地方安定下来。迁移到平原地区的老大就是汉族的祖先，后来，三个弟弟分别成为了藏族、珞巴族、僜巴的祖先。②

这则神话讲述了僜巴同汉族、藏族和珞巴族是一母所生的亲兄弟，是僜巴认识其民族历史、民族关系的重要依据。这种历史记忆虽带有神话色彩，但在口耳相传的过程中，在潜移默化中也促进了僜巴同周边各民族的交流交往交融，加强了各个民族间的团结，同时也促进了僜巴的发展。

以上两则族源神话是僜巴在保留本民族文化和地域色彩的同时，汲取

① 根据僜巴 XDX（男，65 岁，僜巴新村村民）的讲述整理而成。

② 根据僜巴 XDX（男，65 岁，僜巴新村村民）的讲述整理而成。

藏文化和汉文化的文化因素,在历史发展和自我调适过程中形成的一种历史文化记忆。在僜巴的族源神话传说中,僜巴和汉族、藏族、珞巴族都是亲兄弟,不存在先来后到之分,但事实上,察隅县的僜巴是在一百多年前才迁徙到此地的。僜巴通过族源神话对民族关系和民族交往进行解释,以保证各民族都能够合理拥有各自的物质资源,使得"亲兄弟"间能够团结合作、和谐共存。由此可见,僜巴的族源神话传说不仅具有实现民族内部认同、提升民族内部凝聚力的作用,对维护当地的社会稳定也具有重大意义。

由于僜语分为两种方言,讲"达让"话的僜巴自称达让;讲"格曼"话的僜巴自称格曼,两者来源各有异同。当今僜巴分布地区以西的丹巴江流域的"义都人"(原为我国珞巴族一支系)大多是达让的祖先,少数为格曼的祖先;当今僜巴分布地区以东的布荣地区的古老居民的一支,大多是格曼的祖先;东迁而至的"义都人"与布荣山区迁来的古老居民,两者与生活在察隅县地区杜莱曲与格多曲流域的当地土著居民"卡登卡拉"[①]融合繁衍为部分达让和格曼的祖先。

关于僜巴的族属问题,1984 年 12 月 17 日,国家民委在批复西藏自治区人民政府关于拟宣布僜巴为一个民族的报告时说,我们邀请一些单位和专家、学者两次进行了研究,有不同意见:一是僜巴具备了一个民族的条件,应予承认;二是可承认为一个民族,但僜巴与门巴、珞巴、独龙、藏族有何区别,需要有充分的科学依据;三是目前提供的资料依据不足,难以结论,报告中叙述的僜巴的族源大部分来自义都人,而义都人是珞巴族姓氏的一支,许多方面的特征与珞巴人相似;四是僜巴就是珞巴民族的一个支系。因此,对僜巴的认识问题,还需要继续研究。[②] 这样一来,僜巴就作为未识别民族一直搁置了下来。

---

① 达让话"世代居住于此的人"。

② 西藏自治区党史资料征集委员会. 中共西藏党史大事记(1949—1994)[M]. 拉萨:西藏人民出版社,1995:298.

（二）僜巴的氏族

自从西藏和平解放后，僜巴在中国人民解放军的帮助下从深山搬到了平地之后，僜巴直接从原始社会过渡到了社会主义社会。与此同时，僜巴原始社会以血缘为纽带的氏族也随之解体，但仍保留了一部分。

个案1：我们僜巴都是按家族算的，我们差不多有30个家族。我现在还清楚记得的我们僜巴的一些家族的名字：都西家族、阿崴龙家族、哈嘎嗡家族、格拉家族、阿东家族、德嘎家族、国东家族（1962年搬过来的）、鲁雷亚家族、东玛家族（在上察隅县）、德惹家族（自更村），其他的记不太清了。这些家族几乎都是在不同时期搬过来的，而且原因也各不相同。就现在来说，都西家族和阿崴龙家族都属于大家族，人丁比较兴旺，比其他家族人多一些。另外，我们僜巴一直存在同一个家族不能成婚的习俗。①

僜巴也像汉族人，有自己的姓名，但是僜巴姓名的由来，并没有明确的规定，甚至有一定的随意性。比如现在僜巴的名字中，男性的名字里面“龙”“夏”等称呼比较多，女性则是“央”占多数。

个案2：僜巴新村现任村党支部书记，名字叫金夏，他说他的名字的发音在僜语中就是“尿床”的意思，因为他小时候，经常尿床，父亲就给他起了这个名字。据他说，他们那个时候，僜巴的名字一般都是根据人的特点来起的。他的女儿和儿子的名字就是金芳云和金芳海，是参考汉族人的命名方式起的。

二、僜巴的迁徙历史

僜巴是活动在察隅县地区的最早的土著居民之一，居住于我国与印度的交界地带，同时又是迁徙民族和边境民族。清末文献对其曾有“穴居巢出”②，“男女皆裸体，但以牛羊皮围诸臀胯”③等记载。直至西藏和平解放前夕，僜巴还居住在与外界基本隔绝的原始森林里，过着刀耕火种的生活。

① 根据对僜巴NMS（男，63岁，嘎腰村村民）的访谈整理而成。

② 刘赞庭. 西南野人山归流记，北京：民族文化宫图书馆，1961年刻印版。

③ 吴丰培. 赵尔丰川边奏牍[M]. 成都：四川民族出版社，1984.

1976年调查的资料显示，最早经由知拉山口搬到额曲河流域居住的是德嘎·跌拉下（又名各束松），距今已有5代人，按每代人25年计算，有168年了。德嘎·跌拉下最早迁徙到札古。札古一带是塔林村藏族富户放牧的地方，无人居住。德嘎·跌拉下于是在此歇脚，搭建房屋，开垦田地，塔林村的藏族也不去干预。一同迁徙而至的还有马衣噪松、达卜荣宁·森嘎木松等人。但后来迁徙的僜巴翻过知拉山口后逐渐向南北两边发展，大部分都住在永胜、如苏、扎谷、望谷、迴不饶、夏宁、达齐7个地方。只能靠打猎为生，挖野菜充饥，经常食不果腹，勉强度日①。

图45　20世纪60年代的僜巴女民兵

1962年在察隅县下察隅镇的瓦弄爆发了对印自卫反击战——瓦弄战役（又称“瓦弄大捷”）。当时，很多僜巴群众积极充当解放军的向导，不顾自身的生命危险，积极支援前线，为解放军背粮食，运炮弹，这场战役为对印自卫反击战的全面胜利奠定了基础。

瓦弄战役的英雄坡纪念园建在察隅县城，共有447名烈士长眠于此。他们都是在对印自卫反击战、西藏平叛斗争以及社会主义建设时期为国捐躯

① 根据对僜巴XDX（男，65岁，僜巴新村村民）的访谈整理而成。

的烈士，都是我们中华民族的英雄儿女。

1966年初，对印自卫反击战结束后，国家为了改善僜巴的居住环境，让解放军和僜巴中的青壮劳力一块在原始森林中开荒，给僜巴修建木头房子，规整田地。

1967年底，分散在山里的僜巴开始搬迁。

图46　解放军军医给僜巴儿童看病

1968年，山上的71户村民已全部搬迁至现在的僜巴新村。僜巴新村这个名字也是那个时候政府工作人员命名的。新村，寓意新的开始，新的希望。随着搬迁工作的持续开展，僜巴新村逐渐形成了8个村庄，分别是沙琼村、嘎腰村、自更村、夏尼村、体育村、菊玉村、迟巴村、德美村。由于僜巴人口增长，又从沙琼村分出去了10户，组成了另外一个村子——京都村。当时其他僜巴村庄的青壮劳力都到京都村去帮助修建房子，规整田地。经过僜巴自己的艰苦奋斗，以及国家政策的大力扶持，现在僜巴的生活已经发生了翻天覆地的变化。

三、僜巴的社会组织

解放前僜巴处于血缘关系向地缘关系的过渡时期，家庭私有制已经确立，小农经济占据僜巴聚落的主导地位。但僜巴仍以父系血缘关系为纽带聚族而居，主要表现为同姓之人为一氏族，有些村名以原先氏族的名称命名。

随着不断地迁徙与通婚，僜巴各姓氏逐渐杂居。但父权制的血缘纽带关系仍起着重要作用。主要体现为：同姓之间禁止通婚，实行氏族外婚制；遇事需向族中长辈请教，需与同姓之间共同商讨；同姓具有相互继承的权利与义务；同姓有互相帮忙的义务等。我国境内察隅县现有僜巴姓氏 41 个，其中 24 个姓达让，17 个姓格曼。

随着姓氏杂居，以共同居住的村社为单位形成的地缘关系不断发展，为了维护村社的社会秩序，出现了“噶背亚梅”来代替血缘关系主持社会公道。

“噶背亚梅”并不是村落首领，只是自然形成的一种具有原始民主性质的地域性代言人，在达让话中是指介绍人，一般具有较高的社会威望与地位，在格曼话称之为“各帕瑞总”。“噶背亚梅”由男性担任，不世袭，如果儿子具有调解纠纷的才能，也可以担任。在调解纠纷中公平正直，以理服人。此外若能够调解人命纠纷，制止血亲复仇，则会被公认为“大噶背亚梅”，威望极高。“噶背亚梅”并不脱离社会生产，在调解结束后当事人会自愿给予报酬，但后面也出现有的“噶背亚梅”勒索敲诈，欺压群众的现象。[①]

僜巴女性也可以担任婚姻介绍人的角色，可以调解男女之间的小纠纷，但不叫“噶背亚梅”，而是称之为“骚噶掉亚”。

四、僜巴的语言文字

僜巴有自己的语言，分为“达让”和“格曼”两个语种，同属藏汉语系藏缅语族。讲达让话的僜巴自称“达让”，称讲格曼话的僜巴为“教”，有时候合称两者为“达让教”或“教达让”；讲格曼话的僜巴自称“格曼”，称讲达让话的僜巴为“吉盂”或者“吉盂总”，“总”是人的意思。双方又有很多人合称如“代”或者“代巴玫”。达让话和格曼话是两种有亲属关系的不同语言。无论

① 吴从众. 论僜巴由血缘向地缘关系的过渡[J]. 西藏研究，1985(2)：109.

在语音、语法、词汇等方面都有相同的特点，但也存在不同。

现在僜巴已基本通用达让话。僜巴虽有语言，但没有本民族的文字，过去多使用刻木、结绳、摆木棍等方法记事，平时也没有记年月日的习惯，甚至很多僜巴尚不确定自己的年龄。随着时代的发展，在国家的大力提倡下，察隅县的僜巴不仅会说本民族语言，还有很多人能够熟练使用汉语或藏语。

五、察隅县僜巴的分布

（一）察隅县的行政区划

察隅县总面积 31659 平方公里，耕地总面积 3.5 万亩，森林面积 864 万亩。总人口近 2.5 万。察隅县距离林芝市 537 千米，距离拉萨 960 千米，属西藏自治区林芝市管辖，下辖竹瓦根镇、上察隅镇、下察隅镇、古玉乡、察瓦龙乡、古拉乡，共有 23 个村民委员会。察隅县属于多民族聚集地，主要居住着藏族、珞巴族、汉族、纳西族、独龙族、苗族、回族、门巴族、傈僳族、怒族等多个民族和一个未识别民族——僜巴，具有非常明显的“大杂居小聚居”的特点，在长期的历史进程中，各民族相互交流、交往、交融，早已形成“你中有我、我中有你”的亲密关系。

图 47　察隅县城

(二)僜巴的分布

我国僜巴主要分布在察隅县下察隅镇,共有338户1339人,主要聚居在沙琼村、新村、夏尼村、京都村、自更村、嘎腰村,耕地面积2308.85亩(旱地1178.95亩,水田1129.9亩)。下察隅镇僜巴群众人均纯收入为1.1万余元。6个僜巴村积极响应党的教育政策,适龄儿童均与藏族等其他少数民族一样享受国家义务教育政策和"三包"政策,中学生毛入学率100%,小学生适龄儿童入学率达到100%,巩固率100%;目前,僜巴在校大学生共有55人,在校高中生60余人。①

第二节 僜巴的生计方式②

一、僜巴的生计方式

僜巴民众长期在高山密林中生活,依托丰富的森林资源,逐渐形成了刀耕火种、采集渔猎的生计方式,为僜巴的生息繁衍提供了保障,从中反映出了僜巴丰富而独特的原生态文化知识。

(一)狩猎业

1988年以前,狩猎业是僜巴最为古老的产业之一,僜巴最重要的生计方式之一,也是每一个成年僜巴男性必须要掌握的生存技能。在近代火枪传入僜巴地区之前,僜巴经常会用一种自制的铁箭头,在箭头上涂抹自制的剧毒,野兽中箭后很快就会死去。僜巴狩猎主要分为捕获猎物和分配猎物两个阶段,当捕获小型猎物时,僜巴往往单独采取行动;当捕获大型猎物时,一般几个僜巴联合行动。僜巴除了男人外出打猎外,女人也会猎捕一些麻雀类的小型猎物。

---

① 根据察隅县下察隅镇提供的资料整理而成。

② 本节大部分内容已被本团队以《西藏僜巴的地方性生态文化知识及其价值研究》为题发表在《西藏民族大学学报》2021(3)。

1988年《中华人民共和国野生动物保护法》和《西藏自治区实施〈中华人民共和国野生动物保护法〉办法》颁布后，僜巴就不再从事狩猎活动。

个案1：DPX的父辈以打猎为生，作为生产队的成员承担了村里的打猎任务，村里组织的集体打猎一次要进山25—35天，集体居住在山洞里，往往能捕获15—20头猎物，常见的有獐子、野鸡、野山羊、野猪、山鼠等。

由于察隅县天气炎热，肉类容易腐败变质，所以僜巴创造出了放血、烟熏保存猎物的方法，先利用树木和绳子将大型猎物倒挂起来，使血水流干，然后就地分解成块，生火烧毛，烟熏至表面干燥，再用竹筐或麻绳背回家中，悬挂在通风处，风干储存。僜巴将野兽的头骨视为财富的象征，拿回家中悬挂在特制的木架上，以此展示自己的狩猎成果，野兽头骨越多，象征着主人越富有。

（二）采集业

历史上，采集业是僜巴重要的食物获取渠道之一，也是僜巴较为古老的产业之一，现在已经成为僜巴的一项主要经济来源。僜巴的生活地方森林茂密、物类繁盛，为僜巴各类采集业的发展提供了得天独厚的自然条件。

西藏和平解放前，僜巴农业生产的粮食不能满足基本的生活需要，所以山上的野菜便成为他们维持日常生活的重要来源，采集野菜主要是女性和儿童。僜巴生活的地方，可以采集到的野菜有二十多种，分为茎叶类、根块类和野果类植物，经常采集的野菜有哈不饶、嘎毛、阿洪、司母噶帮，有时候也会采集一些野蘑菇和羊肚菌食用。主要食用方法为“煮食”，做法较为单一，将野菜与粮食一同煮食来中和野菜的苦味。僜巴经常采集的药材有天麻、虫草、三七、贝母、七叶一枝花等。此外，僜巴还采集野生蜂蜜，与藏族群众进行物物交换，或出售换取现金，蜂蜡则用来制作蜡烛。

表 2　僜巴新村村民经常采挖的野菜①

僜语(音译)	中文名	食用部位	采集周期	食用方法及用途
“古都”	野葱	茎叶	全年	生食;佐料
“哈布楞”	野芭蕉根	块茎	全年	加工后煮食;代粮
“森木格邦”	野芋头	块茎	8—9 月	加工后煮食;代粮
“达哆”	蕨菜	茎叶	3—4 月	煮食
“格如”	枞菌	果实	4—5 月	煮食
“姜生”	春芽	嫩叶	3—4 月	煮食;佐料
“阿木克瑞”	折耳根	茎叶	1—9 月	生食;佐料
“加堂”	野香菜	茎叶	11—12 月	生食;佐料
“卡尕”	灰灰菜	茎叶	3—4 月	煮食,生食
“把帕细”	野苹果	果实	10—12 月	生食
“塔榕细”	桑葚	果实	4—6 月	生食
“毕细”	野地瓜	果实	6—10 月	生食

(三)农业

由于农业收获相对稳定,逐渐取代了狩猎业和采集业,成为近年来僜巴的主要生计方式。

在农田的选择上,僜巴根据海拔高低、坡度大小、土壤肥瘠来划分土地,一般会选用森林的边缘地带和相对宽阔的区域,砍伐周围的树木,做出隔火带,再放火焚烧特定区域,使草木灰成为肥料,然后下种,任由种子自然生长。耕种 2—3 年后,土地肥力下降,杂草丛生,僜巴会另觅其他土地。可以说,僜巴的旱作轮歇农业,造成了僜巴在山沟里迁移流动的现象,同时保证了森林水土肥力有足够的恢复期,形成相互平衡的人地关系。

僜巴耕作时间较为集中,一般为春耕秋收,以竹木为主要生产工具,如:

① 根据本团队成员 2020 年 7 月的田野调查整理而成。

“达郭”（木锄）、“达赛”（短木棒）、“达克惹”（竹弯刀），有少量铁质砍刀，采用刀耕点播或锄耕散播，散播完全依靠人力进行。在散播过程中，为了增加粮食产量，僜巴创造出了套种耕作方式，根据植株的高低、对光线和肥力要求的不同来混合种植作物。

在长期旱作轮歇农业的过程中，僜巴发现并培育出了适合旱地种植的粮食作物——鸡爪谷，自此鸡爪谷成为僜巴的主食之一，主要用于磨制糌粑粉和酿酒。在西藏和平解放前，僜巴种植鸡爪谷谷子多采用直接撒播的粗放型种植方式；20 世纪 60 年代后，在解放军战士和政府工作人员的帮助下，才改为“每年 3 月份开始育苗，5 月移栽秧苗，11 月份收获”的精细化种植方式。

表 3　僜巴新村的农作物种类①

僜语（音译）	中文名	生长周期	食用部位	食用方法及用途
“达偌”	鸡爪谷	3—11 月	果实	酿酒；主食
“尼巴让”	薏仁	6—9 月	果实	酿酒
“呐不哦”	玉米	4—10 月	果实	煮食；主食
“给”	旱稻	4—7 月	果实	煮食；主食
“哟”	小米	3—7 月	果实	煮食
“巴扎额”	辣椒	4—10 月	果实	生吃；蘸盐
“巴穷”	芸豆	1—3 月	果实	煮食
“什沐”	芋头	4—10 月	叶子；果实	煮食；火烧
“噶六瓦”	黄豆	3—10 月	果实	煮食
“打噶”	花生	4—10 月	果实	生吃；煮食
“噶布让”	冬瓜	4—8 月	果实	煮食

① 根据本团队成员 2020 年 7 月的田野调查整理而成。

除鸡爪谷,玉米也是僜巴的主食。玉米的种植时间较短,如在 4 月进行播种,9—10 月就可收获。此外,僜巴还种植薏仁、小米、芋头、冬瓜、花生、芸豆等作物,其中,没发现鸡爪谷之前,薏仁曾经是僜巴的主食之一。

由于刀耕火种的早期农业受自然环境的影响较大,存在广种薄收、粮食收成不稳定的现象。在歉收的年份,僜巴就会用天麻、贝母、麝香、蜂蜜等物品在本民族内部或邻近的藏族民众中换取粮食。

个案 2:PLS 说爷爷辈经常会把羊皮拿到下面藏族村中换东西,有时候藏族村的人也会上来,看我们种的芭谷,会按手印约定购买的克数。以前村里的人会去藏族村子里打工换取粮食,拿回来和野菜煮着吃。

表 4　僜巴农业生产表[①]

时间	1 月	2 月	3 月	4 月	5 月	6 月	7 月	8 月	9 月	11 月	12 月
劳作内容	休息		翻地、施肥、育苗	种玉米	挖虫草、药材、栽苗	锄草	施肥	休息	收玉米	休息	休息

(四)畜牧业

喜马拉雅山脉以东、横断山脉的高山峡谷间,僜巴生活的地方森林茂密、气候温润、水草丰美,十分适合发展畜牧业。

僜巴长期放牧,每个村庄都有专用牧场,僜巴放牧不分季节性。主要放牧的品种为牛,牛又可以分为巴麦牛和黄牛,巴麦牛是体形高大、健壮、肉多的优质品种,僜巴极为珍爱,一头巴麦牛可换两三头黄牛。僜巴养牛不设牛圈,完全在山林的牧场中放养,三五日去喂点粗盐和着的面团,长得壮实。巴麦牛是僜巴的主要财产,婚配时可以用作给女家的主要聘物。

除了放养牛之外,僜巴还饲养猪和鸡。猪和鸡一般养在"干栏式"房屋的底层,有竹制或者木制的猪槽,没有专门的饲料喂养。猪长得都很瘦小,

① 根据本团队成员的田野调查整理而成。

最大也就百十斤；鸡虽然善于漫山遍野觅食，但一般也只能长到两斤左右。

跟以往不同的是，现在僜巴年轻人要结婚，猪也要同巴麦牛一同当作聘物赠送。一般的人家，娶妻要15—20头牛，7—8头猪。僜巴家庭养的牛、猪、鸡多数用于请客、送礼等活动。

（五）传统手工业

察隅县的天气湿润，适合毛竹生长，僜巴用毛竹制作出大量的生产生活用具，满足日常需求，精细的竹制品为储量篓、竹席、竹网漏筛、酒漏斗、竹碗等，粗制的为常见的竹筐、簸箕、谷物筐、竹竿、竹门。竹木制品几乎涵盖僜巴所有生产生活用具，显示了僜巴就地取材的生存智慧。

僜巴竹编多由僜巴男性制作，编织竹编产品的过程包括砍竹、劈竹、削竹、刮竹，加工。将竹枝一分为四后用竹刀剥成薄片，每个竹枝可均匀分成九层，里层较软不用，外层较硬的用做箩筐外围固定，中间几层用水泡软后织成适合编织的竹篾，然后编织成各种各样的竹编产品。

竹编产品除自己使用外，也供出售，有需求者会来编织者家中定制。

二、僜巴的地方性生态文化知识

僜巴生计方式背后蕴藏着丰富的生态智慧和生态实践，从中可以窥见僜巴的地方性生态文化知识。僜巴的地方性生态文化知识可以分为三个层次，第一个层次是以万物有灵为核心的宗教知识；第二个层次是以风俗习惯为中心的社会知识；第三个层次是各种生产性知识，这三个层次呈现出一种从上到下的金字塔结构。

僜巴崇尚万物有灵，认为世间万物都有代表各自的“鬼”存在，树有树“鬼”、水有水“鬼”、山有山“鬼”、鸟有鸟“鬼”、兽有兽“鬼”，人们无法将“鬼”消灭，只能通过杀牲的形式将“鬼”送走，使“鬼”不再危害人间。而送“鬼”的权利则掌握在巫师手里，巫师是宗教知识的解释者、执行者和维护者，僜巴在修房盖屋、婚丧嫁娶、生病驱邪、人口迁徙时都要宴请巫师送“鬼”，主人家则要宰杀鸡、猪、牛等牲畜作为牺牲。正是基于这种认识，僜巴实行自我约束,将人的活动限制在一定范围内,杜绝出现大规模破坏山林的生产活动,从而保证了人与自然的和谐共生。

僜巴的社会知识以婚姻习俗和丧葬习俗最具代表性。僜巴父系同姓者禁止通婚,男方需要给女方送一定数量的牛、猪来体现女性的价值,牛、猪的数量越多,女性的身价越高。此外,男方还要送一些鸡、山鼠、鱼、蜂蜜给女方,虽然数量不限,但每样都得有。举行婚礼之前,男方还要送十几头猪、粮食和酒到女方家,供女方家招待亲友,当然,女方家也会分担一部分食物和酒。僜巴死后实行火葬,但女性不能参加,处理完遗体后,要请巫师举行送"鬼"法事,否则会给生者带来灾难,逝者家人还要杀猪杀鸡来招待大家。僜巴婚礼和葬礼上的消费需求迫使僜巴男性必须要积累一定的财富,饲养足够的牲畜才能完成人生大事,这在很大程度上激发了僜巴男性学习传统生计方式的热情。僜巴年轻人认识到,只有系统掌握察隅县当地的生态文化知识,才能实现致富目的,保证社会知识的传承。

生产性知识则由狩猎业、采集业、农业和传统手工业的相关知识汇集而成,对自然资源的利用建立在多样化和非专业化生产基础上,是每一个僜巴群众都要掌握的生存技能,反映出僜巴对察隅县自然环境的认知水平和熟悉程度,这些用于谋生的生计方式经过僜巴民众的不断实践,逐渐汇集成具有一定体系的地方性生态文化知识,这些知识反过来又指导着僜巴的生产活动,使两者形成了互为表里,相互促进的关系。

三、僜巴地方性生态文化知识的当代价值

20 世纪 80 年代以来,僜巴的生计方式发生了较大变化。1998 年,国家实施天然林资源保护工程,西藏自治区开始采取禁猎措施,僜巴的狩猎生计受到较大影响,而采集业和手工业却随着时代的发展乘势而上,实现了蓬勃发展,产生了意想不到的价值。

(一)体现出人与自然和谐共生的文化价值

在僜巴看来,自然不仅是可以利用的资源,更是一种令人敬畏和崇拜的

对象,僜巴的民歌:“太阳照顾我们,我们没受灾,‘卜鲁央’‘德永央’照顾我们,我们没受灾,庄稼成熟了……我们有自己的山,我们有自己的地。”这体现出僜巴朴素的生态观念,即人是自然生态系统中平等的一员,自然环境为僜巴提供了生存空间。僜巴的民族文化也处处彰显着僜巴对生态环境的认知,影响着僜巴的社会行为,这种朴素的认知对维护察隅县的生态平衡和区域性生态安全发挥着积极作用。

(二)体现出原生态文化的经济价值

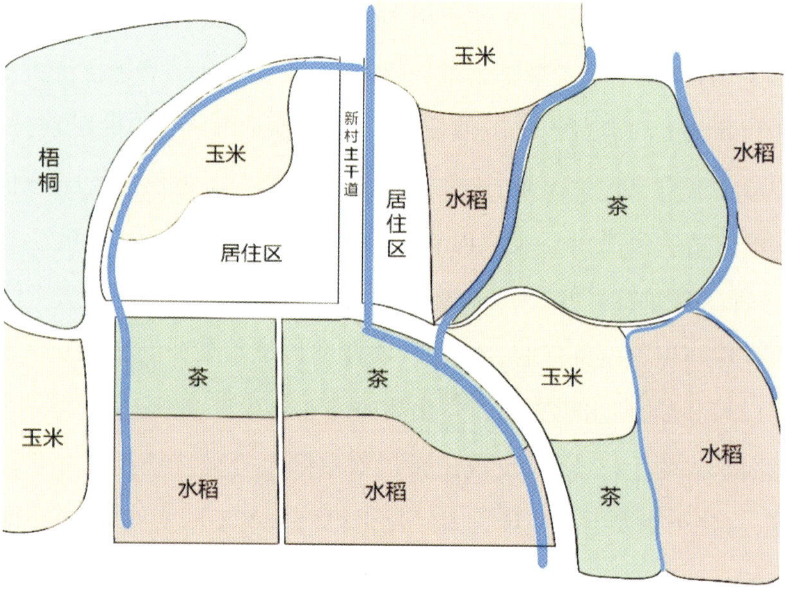

图48 僜巴新村种植区域作物分布图

历史上,僜巴从大自然中获取的物产除了供自己使用外,也用于和邻近地区的藏族进行交换,但仅局限在较小范围内。21世纪以来,随着我国经济社会的高速发展,富裕起来的人们开始追求健康绿色的生活方式,少数民族地区的土特产备受人们的追捧,互联网和立体交通网络的建成,极大地拉近了西藏与祖国内地的距离,为僜巴土特产走出察隅县提供了条件。僜巴将采集到的石斛、天麻、贝母、七叶一枝花、野生蜂蜜等作为本地土特产销往各地,迎合了“原生态”的健康消费市场,满足了消费者对原生态生活的向往,受到西藏和祖国内地消费者的喜爱。此外,在祖国内地投资者的带领和政府的支持下,当地的猕猴桃特色产业也实现了快速发展,给僜巴提供了发挥作用的舞台。

个案3:ZTC是林芝市察隅县兴农猕猴桃有限公司总经理,已经在下察隅镇生活了24年时间,发挥下察隅镇海拔较低,气候适宜的自然环境优势,开发出3000亩猕猴桃种植基地,并且吸收僜巴群众参与劳作,使当地僜巴群众人均每年增加3500元收入,带动了当地村民脱贫致富。

图49　夏尼村猕猴桃种植基地

僜巴长期面对瞬息万变的自然环境,形成了较强的危机意识与团结协作的均等意识,熟悉掌握了农作物的生长规律,可轻松辨别出种植基地中的杂草,采用传统办法消除病虫害,劳动效率很高。

在以经济、科技为中心的当今社会,僜巴农业方面的科学耕作和新技术的引入主要依靠党中央和政府的支持。在察隅县,僜巴传统生计方式中所蕴含的地方性本土知识与现代科学技术实现了协调互补,这既有利于僜巴地方性生态文化知识的传承,也有助于各民族群众的交往、交融、交流,发挥了铸牢中华民族共同体意识的作用。

察隅县具有边境区位优势、独特的自然风光和僜巴文化资源，形成了以新村和沙琼村为中心的僜巴民俗文化生态旅游区，为僜巴传统文化提供了展演场所，游客可以在村子里品尝以手抓饭为代表的原生态饮食，体验僜巴服饰，欣赏僜巴歌舞，参观僜巴展览馆，全方位领略僜巴文化，一些身穿民族服饰的僜巴老年女性通过和游客合影来获得报酬，为僜巴提高了收入。

（三）体现出对接现代生态文明的精神价值

工业革命以来，人类对大自然展开了掠夺性开发，导致自然灾害频发、空气和水资源遭到污染，生物多样性减少，生态环境问题一度成为威胁人类生存和发展的最大危机。西方国家在发展过程中走过了一条先破坏、污染、再修复、治理的道路，这种曾经具有普世性意义的发展道路已经不能满足当前社会可持续发展的需要，我们要走出一条具有中国特色的生态文明建设之路，实现人与自然和谐共生，不同物种的多元化共存，资源的节约循环再生，就应该从少数民族的地方性生态文化知识中获取养分。

僜巴的地方性生态文化知识中蕴含的敬畏自然、和谐共生的生态观念与尊重自然、顺应自然、保护自然的现代生态文明理念具有异曲同工之处，可以帮助我们反思现代过度消费的生活方式，寻找更加符合绿色生态环保的生活方式，为现代生态文明建设贡献力量。

第三节　僜巴的民间风俗

一、僜巴的饮食

察隅县境内的僜巴在解放前以鸡爪谷、玉米、荞麦（当地人称“荞子”）、青稞为主食；解放后引进并开始广泛种植水稻，水稻逐渐发展为当地人的主食，家种的蔬菜与饲养的牲畜则是主要的副食。其中肉类主要有鸡肉、牛肉、猪肉以及河鱼等；蔬菜则主要有辣椒、白菜、萝卜、南瓜、豆角、大蒜以及酸木瓜等野菜。

由于察隅县地处亚热带山区,气候温暖、雨量充沛,所以辣椒就成为僜巴必不可少的调味品之一。僜巴将晾晒干的辣椒在火炉上灼烤后与干花椒、大蒜、香菜一同舂碎,然后与盐、水混合做蘸水或浇在饭上食用。在僜巴手中,酸木瓜、羊奶果、苹果、梨、肉制品都可与辣椒同食。僜巴习惯将玉米脱粒打磨后与大米一块煮食,此外还将粮食加工为面粉做粥和馒头食用,手抓饭是僜巴的特色美食之一。

僜巴饭菜皆由女性制作,就餐时围在火塘边,由主妇分派饭菜,以手抓食,干饭放在芭蕉叶上食用。传统炊具是由竹子、藤条编制,而且竹子编制的碗盛装稀饭而不漏。金属炊具传入以前,僜巴用石锅或竹筒烧水、做饭,用粗大的竹筒背水。

僜巴喜嗜烟酒。以前僜巴无论男女皆口含竹制或木制的长烟管,有些人会使用银制作而成的雕花烟杆,烟叶是由僜巴自己种植的“德旺”。僜巴的酒是用鸡爪谷、大米酿造的“马坡老”,度数不高,类似米酒;青稞与杂粮则酿造出高、低度数的两种青稞酒;此外僜巴还喜欢喝啤酒,夏天还会用植物叶与粮食泡制一种类似醪糟的饮料。

二、僜巴的房屋

解放前,僜巴居于深山,大多以洞穴、树荫为栖身之地;解放后,在党中央和政府的无私帮助下,已搬迁到河谷或台地聚居。

僜巴居住名为“恩冬”(达让语)的干栏式长屋,竹木结构,上下两层,依地形设计房屋走向。运用类似榫卯的方式或藤条捆扎屋架,上苫以平板或“阿库草”(僜语),以木板或细木桩围成四壁。用竹片或木板隔成“恩拜”卧室小屋,小屋每间约9平方米,高约2.5米,无窗户,开约1.6米高门。外留有宽约1米走廊,走廊两头各开一门,有独木梯供上下之用。长屋东头第一间叫“哈嘎”,僜语为客房的意思,另一间叫作“吋”,僜语为内室。主屋门框悬挂猴头骨,作驱“鬼”之用,亦是富贵之象征。每间房屋各设有灶塘,以木板拼成方框,填入泥土,嵌地板,防火;上置三块锅桩石或支铁三脚架。距长屋十余米有一仓库，高约两米，贮藏粮食。

若有来客，男客仅限于客房，女客可自由出入。

图 50　僜巴房屋

三、僜巴的家庭与婚姻

僜巴以姓氏血缘作为家庭联系的纽带，实行父权制下的个体家庭，同姓就是一个父系血缘亲属集团，按照同一姓氏聚居。同姓之间禁止通婚是婚配的基本准则，犹以单向舅表婚为最佳，但不允许姑表婚、姨表婚，同姓在五代以后，姨表和姑表再下一代后，可以通婚。

家庭多是一夫一妻，丈夫在家中具有最高权力。僜巴的婚姻为血缘婚、群婚以及对偶婚。若丈夫去世，必须由同姓中远房继承为妻，僜巴女性没有选择婚嫁的权利。僜巴过去不和其他民族通婚，解放后才开始与其他民族通婚。

四、僜巴的丧葬习俗

数百年前，僜巴进行土葬，但后来常发涝灾，僜巴认为是由于土葬挖穴动土的缘故就改为火葬。后来又认为火葬产生的烟雾会污染庄稼，所以在庄稼出穗至收割期间一律实行土葬。

僜巴去世后，将遗体屈膝成胎儿状，在逝者胸前放置玉米、鸡爪谷，然后以竹席或衣物包裹，麻绳捆扎，在逝者生前的居室放置一晚。在正门外搭一小棚,达让语称之为“布荣”,格曼话称为“各儿布”,实为祭坛。祭坛为上正下倒的两把伞状,中间设一小台,约一人高,以竹条编制栅栏门,上覆草,插小棍,挂白布条,小棚周围插若干竹竿或木棍,或挂黑、白、红三色小旗。棚内挂逝者生前衣服,首饰和铜锅、米、种子等等。如果逝者为男性,需挂牛头。祭坛设好后,将逝者遗体放置于棚内,在过去女子需停放四晚,男性需停放五晚,现在无论男女只需停放一晚。布置结束后,可通知亲朋好友前来哭灵。哭灵结束后。男性死亡则需打枪唤起逝者亡灵,巫师在小棚周围作法赶走魂灵。

土葬不设墓地,不设坟堆。下葬时需用一根长麻绳拴于逝者身上,埋葬时将另一端引出地面。一年后由家属到这里拉动麻绳,若绳子松动,则遗体腐烂,表示亡灵已去,可铲除杂草,以后不再照看;若绳子很紧,则需起坟火化,然后将骨灰埋入地下。婴儿实行土葬,由父母掩埋,无须拴绳,其他人也不需要参与。

火葬一般选择无人开荒、石头多的僻静地方。由家属备柴,将遗体脸朝地放在柴堆上进行火化,两天后由家人掩盖骨灰。女性不得参加火葬,除非逝者家中没有男性。火葬几天以后,须举行送“鬼”仪式。家人需将新衣服、刀子及其他器物放在门口,由巫师用刀触碰。第二天由抬过遗体的人用削尖的竹竿或长矛在小棚内戳刺,打开竹条门。有的人会焚烧小棚,参与人添加柴块,哭着悼念;也有人任其腐朽。但依旧举行送“鬼”仪式。

僜巴人死后,所有人禁止提及逝者姓名。若违反,需杀猪、杀牛赔礼道歉。僜巴人死后,同姓的人需停止劳动,若逝者为男性则停止劳动 11 天,若逝者为女性则停止劳动 10 天。

五、僜巴的节日

僜巴没有属于自己的固定节日,只有“德亚”,婚期可以算作盛大节日。由于僜巴解放时得到了中国人民解放军的极大帮助,对军人有一种天然的依赖感,所以受军队的影响,僜巴也开始逐渐庆祝国庆节、中秋节、妇女节、儿童节等节日。

第四章　僜巴非物质文化遗产的保护和传承

“抢救第一”是我国非物质文化遗产的保护方针之一，抢救性保护则是非物质文化遗产保护的重要方式。作为一个人口约两千人的未识别民族，僜巴传统民族文化中的精髓得以入选西藏自治区级非物质文化遗产代表性项目和林芝市级非物质文化遗产代表性项目，这是国家对僜巴非物质文化遗产进行抢救性保护的结果，体现出国家对僜巴及其文化的重视程度，为僜巴文化的传承提供了重要保障。

第一节　僜巴非物质文化遗产的抢救性历程

一、国家对非物质文化遗产的抢救性保护历程

僜巴文化独具特色，但由于人口太少，又地处中印交界的偏远地区。长期以来，国家将工作重点一直放在改善僜巴的生产生活水平方面，尚未来得及对僜巴文化进行全面保护。

21 世纪初，国家开始着手做民间故事、民间音乐、民间习俗等的搜集和整理工作，以民间文化保护、民族民间文化保护等名义对非物质文化遗产进行保护，我国的传统文化保护工作进入了有意识、有组织地保护非物质文化遗产的阶段。进入 21 世纪，学术界对非物质文化遗产的研究开始兴起，非物质文化遗产保护体系初步形成。

2005 年国务院公报发表了《国务院办公厅关于加强我国非物质文化遗产保护工作的意见》，充分认识到我国非物质文化遗产保护工作的重要性和

紧迫性,提出了对保护非物质文化遗产工作"保护为主、抢救第一、合理利用、传承发展"的指导方针,国家开始启动对非物质文化遗产的抢救性保护。随后为了继承和弘扬中华优秀传统文化,促进社会主义精神文明建设,加强非物质文化遗产保护工作。

2011 年,全国人民代表大会常务委员会十九次会议公布了《中华人民共和国非物质文化遗产法》。尤其国家加强了对人口较少民族的重视,僜巴虽然是未识别民族,但也被西藏自治区纳入到人口较少民族非物质文化遗产的保护工作中,其非物质文化遗产也逐步得到了很好的保护。

二、西藏对僜巴非物质文化遗产的抢救性保护历程

2006 年,西藏自治区积极响应国家对非物质文化遗产的保护,开展了一系列工作。经过西藏自治区文化厅组织的非物质文化遗产普查后,确定了僜巴的非物质文化遗产项目。西藏自治区人民政府给区级非物质文化遗产代表性传承人每人每年 5000 元的生活补贴;林芝市给市级非物质文化遗产代表性传承人每人每年 3000 元的生活补贴,激发了僜巴非物质文化遗产传承人的工作热情,使僜巴非物质文化遗产传承人能够安心传承本民族的非物质文化遗产。

2015 年 9 月,西藏自治区政府还邀请僜巴服饰制作技艺自治区级代表性传承人本娅参加了第二届中国西藏旅游文化国际博览会,取得了非常好的宣传效果,引起了人们对僜巴非物质文化遗产的关注。[①] 同样,西藏自治区民族事务委员会曾拨 10 万块钱给夏电夏,帮助夏电夏改善夏电夏僜巴陈列馆基本设施。

三、僜巴非物质文化遗产的抢救性保护成果

2007 年,僜巴服饰制作技艺入选第二批西藏自治区级非物质文化遗产代表性项目,自治区级代表性传承人名叫本娅;2009 年,察隅县僜巴银饰制

① 根据对本娅(女,僜巴,74 岁,察隅县下察隅镇沙琼村人)的访谈整理而成。

作技艺入选第三批西藏自治区级非物质文化遗产代表性项目，自治区级代表性传承人名叫夏电夏；2018 年，僜巴手抓饭烹饪技艺入选首批林芝市级非物质文化遗产代表性项目，市级代表性传承人名叫阿洛松。为了扩大僜巴非物质文化遗产的影响力，能够把更多游客留在下察隅镇，从 2015 年开始，下察隅镇每年七月一日举办“僜巴美食文化节”，将这一节日打造成展示僜巴文化的窗口，把僜巴手抓饭、银饰等特色文化推广开来，吸引了大量游客，产生了很好的社会效益。

第二节　僜巴服饰制作技艺的保护和传承[①]

2007 年，僜巴服饰制作技艺被列入西藏自治区级第二批非物质文化遗产代表性名录。

图 51　僜巴村民身着传统服饰[②]

由于自然环境和生存方式的不同，我国不同民族形成了各不相同的服

① 本节大部分内容已被本团队以《非物质文化遗产视野下的僜巴服饰保护和传承研究》为题发表于《西藏民族大学学报》2020(04)。

② 察隅县僜巴村民照片由僜巴新村村委会提供。

饰文化。僜巴居住区域属亚热带气候，服饰也很好地反映了当地气候。传统僜巴服饰是由麻织品制作而成，除使用白色麻线外，也可把白色麻线染成黑色或者红色。僜巴尚黑，黑色衣服居多。

随着时代的发展，僜巴早已不用自制的白色麻线制作服饰，而是改用五颜六色的腈纶线。这种颜色鲜艳亮丽的裙子，十分受邻近村子的藏族女性喜爱，她们经常去僜巴村中预订，供不应求。

一、僜巴服饰的类别和特点

（一）僜巴服饰的分类

僜巴服饰的品种繁多，包括僜巴男性、女子、巫师的服饰以及各种配饰。这些品种一般具有明显的民族性和地域性。

1. 僜巴男性服饰

僜巴男性头上，会缠着一条名为“格崩”的黑色头巾，多用家庭的自织土布略加裁剪而成。长方形，一般长约 1.5 米，宽约 0.4 米，分黑白两种颜色。戴的时候，盘绕在头上，缠得越高，象征越富有。僜巴人关于“格崩”的说法不一：有些僜巴称只有巫师家族的人才可以缠黑色格崩，因为这是家族地位的彰显方式；另一些僜巴称“达让”缠黑色“格崩”，“格曼”缠白色“格崩”。在田野调查过程中发现，一般四十岁以上的僜巴男性会缠黑色“格崩”，因为看起来会显得庄重；四十岁以下的僜巴男性缠白色“格崩”，因为白色显得年轻也更好看；耳朵上，会戴着大圆环形的耳环，亦会佩戴名为“格恩”的项圈，种类单一，多为各类宝石或银币串联而成的珠串。男性手腕，脚腕上也会戴着银制的镯子。

僜巴男性上衣，在僜语中称之为“定卡多”。是长及膝部的对襟无领无扣长坎肩；下身穿遮羞布，不穿长裤；上衣外面是一个长、宽均约 3 米的名为“阿格”的披肩，这种披肩在外面过夜的时候，可以直接当被子使用。僜巴男性左肩斜挎名为“达嚷”的佩刀，僜刀被僜巴认为是男子汉的标志。刀带从左肩套入，斜挎于右胸肋下，刀鞘是一个在长方形木板上凿刻的凹槽，上面均匀地缠绕着数圈铜丝。佩刀对于僜巴男性而言，不仅是重要的生产工具和防身武器，还兼有配饰功能；右肩斜挎名为“嘎盆里”的小包，这种小包有的是线织的，有的是毛皮的，底部和正面缀留着小毛线球，包链上多镶贴银币，这些银币是财富的象征。

僜巴之前都不穿鞋，习惯于赤脚行走，有很多人患有脚疾。西藏和平解放后，在解放军的大力宣讲下，僜巴才改变了赤脚的习惯，逐步治好了脚疾，提高了生活质量。

图 52　僜巴男性服饰

2. 僜巴女子服饰

僜巴女子服饰鲜艳多彩，美丽动人。一般在节日的时候，随处可以看到穿着艳丽服装的僜巴女子在欢快地跳舞。

僜巴女性上衣，僜语称之为“定左”。女子上穿及胸部的对襟无领短坎肩，露出腰部；下身穿长至脚踝的横条纹筒裙，筒裙分两层，外层至膝盖以上，内层到脚踝,均用布带扎结。以前僜巴女性裙子颜色均为黑色,现在经过改进,出现了以黑色为主加彩色条纹的精美图案的筒裙;女子上衣外面也身着男性样式的披肩,但是比男性披肩尺寸相对小一些;女子也会随身斜挎小包,过去挎包只有黑色,现在有各种各样图案精美、色彩鲜艳的挎包。挎包上面还有彩色的叫作“达波”的花球,形象逼真,具有浓厚的僜巴民族特色。

僜巴女子的饰品品种多样、精美绝伦。头上插着发簪,发簪为银式长簪,簪子外沿挂着长长的流苏链子;前额上佩戴的近似柳叶状的雕花刻纹片名为“格崩”,家庭经济较好的多用银铸造,家庭经济较差的则用竹编织;戴大圆环形状的耳环,已婚女子耳朵上喜欢戴喇叭状的叫“勾达白”的大耳环,前粗后细中空,僜巴认为,耳孔越大越美,同时这已成为僜巴这一族群的显著标志;胸前常佩戴形状不同的或灯笼状或银圈状叫“赖”的项链;手腕,脚腕上会戴着镯子。手镯和脚镯多是银制,多为扁条形环状,也有圆柱环形,也有极少数女性佩戴竹制手环。

图 53　僜巴女性服饰①

① 僜巴女子服饰照片由僜巴新村村委会提供。

3. 僜巴巫师服饰

僜巴巫师的服饰，又称“法衣”，是僜巴服饰的一大特色。因为僜巴只信奉“鬼”，认为“鬼”普遍存在，并能加害于人，但是人能把“鬼”送走。僜巴认为沟通人“鬼”关系最为灵验的是巫师，能够送“鬼”的也只有巫师。

图 54　僜巴巫师服饰

巫师在僜巴的族群中有着极其特殊而又尊贵的地位，同时也有着相应特殊的服饰。僜巴的巫师全部由男性担任，多数是自然产生的；少数则是家传。相较而言，家传的巫师继承了长辈的衣钵法具和技巧，技艺更为高深，地位自然也比一般的巫师要高。因此，在僜巴中形成了大中小三种不同等级巫师，且不同等级的巫师的法衣和法器也有所不同。大巫师的法衣是红色的，中等巫师的法衣是黑色的，小巫师的法衣类似一般成年男性的服饰，只是装扮略有不同。

巫师左右肩同时斜挎僜刀和一长串动物獠牙，靠近腰胯部的獠牙开始，每颗獠牙间缀有一个铃铛。当地僜巴称“只有巫师才可以右肩斜挎刀，且同时挎两把刀①”，挎刀的带子上依旧挂满了动物獠牙。此外，巫师的“格崩”和女子“格崩”形状差不多，但是边缘处也镶上了动物牙齿。

表 5　僜巴服饰价格表②

种类	男式坎肩	男式披肩	遮羞布	女式坎肩	女士筒裙	女式披肩	巫师服饰	巫师遮羞布	挎包
价格：（元）	1500	2500	300	1600	350—400	1900	3000—5000	700	350—400

（二）僜巴服饰的特点

传统民族服饰是一种文化传承。

林芝市察隅县地形复杂，气候独特，南受印度洋暖湿气流的影响，北有德姆拉雪山天然屏障保护，气候既有青藏高原的特色，又有自身的独特之处，察隅县在西藏是一个特殊的存在。这里的气候相对西藏其他地方比较温暖，一年只有两季，夏季和冬季。所以僜巴过去的衣服都是用麻布制作的，麻布衣服最大的特点就是透气性比较好，非常适合僜巴夏天穿戴，且原材料为村子附近生长的火麻，取材方便。在过去，僜巴主要以狩猎为生，相对僜巴女性服饰来说，僜巴男性服饰较为简单，只有上衣和遮羞布，非常适合僜巴男性外出狩猎。随着经济的发展，僜巴服饰的原材料发生了很大的改变，变成现在五颜六色的腈纶线。所以僜巴服饰也从原来普遍的黑白色调变成了现在的五颜六色。

随着现代化的冲击，现在的僜巴年轻人几乎不穿传统服饰，究其原因：一是现代服饰简单舒适、款式多样；二是穿民族服饰，不适合田间劳作；三是民族服饰是纯手工制作，需要耗费大量时间。总之，现在越来越多的僜巴喜欢现代服饰，民族服饰制作技艺的保护和传承正面临窘境。

---

① 根据对僜巴 XDX（男，65 岁，僜巴新村村民）的访谈整理而成。

② 根据本团队成员的田野调查整理而成。

二、僜巴服饰的制作技艺及其变迁原因

在过去，传统僜巴服饰的制作需要经过五道工序：选材、加工、染色、编织、缝制。

（一）僜巴服饰的制作过程

1. 选材

僜巴传统服饰最开始是用麻布制作而成，这种麻布衣服，僜语称为“达察”。原材料一般都是选用野生火麻。因为历史上僜巴居住在大山里，房屋附近遍地都生长着野生火麻，取材相对比较容易，不用担心出现原材料匮乏的情况。同时，为了取材更加方便，僜巴也会在自家地里种上一些火麻。由于察隅县的天气比较炎热，用火麻制作的衣服透气性较好，非常适合僜巴日常穿戴，深受僜巴喜爱。

图 55　火麻幼苗

2. 加工

麻线加工是一个繁琐的过程。要先把火麻皮剥下来，接着把剥下来的火麻皮放到锅里大火煮；煮完后捞出来，一边用凉水冲洗一边用棍子捶打，这样可以更快地提取出火麻皮中的纤维，直至火麻皮变成细丝条状；然后再晾晒，用手撕开，卷成线状，再将三四根火麻皮细丝线揉搓成一根根光滑的细长线，最后再把这些细长线缠成团状。

图 56　火麻皮

图 57　麻线

3. 染色

用火麻皮加工出来的麻线是白色的,不能满足僜巴对衣服颜色的需求,为了得到不同颜色的线,就需要给麻线染色。僜巴尚黑,一般都喜欢用黑色的麻线制作衣服。如果想要染成黑色的线，就要用“桤木皮”①和“山矾果”②染色，把扒下来的“桤木皮”和“山矾果”和搓好的麻线放到一块煮，煮沸后麻线就会被染成黑色；用橡树树皮或用松树树皮加高粱壳和麻线在一起煮，可以染成红色。用从植物中萃取的颜料给麻线染色，制作的衣服不易掉色，质量很好。在过去，衣服的颜色可以折射僜巴的社会地位，富人一般都会穿黑色的衣服，穷人一般都会穿尚未染色的白色麻布衣服。

图 58　山矾果

4. 编织

编织是最复杂的一道工序。由于没有织机，僜巴只能手工纺织。纺织工具共有 14 件。有用牛皮制作的绑在腰上的，类似于腰带的叫“达地或”；放在腰上起固定作用的两根竹棍叫“达共”；长且扁的木板叫“达比”；最粗大的竹棍叫“达昂本”；织布用的第一根竹棍叫“普囊”；织复杂图案的两根竹棍叫“达昂本”；剩下细的竹棍统称为“哈布”。

纺织时，织布者坐在地上，把经线的一端拴在腰间，另一端固定在对面

① 类似桑树的一种植物的外皮。

② 一种果实的外表和汁液都是黑色的小果子。

地上的两个小木桩上。铺好经线,把线拉平,用细竹棍穿分后再插入木板,把木板侧立后提起半数经线,用一根短竹棍作梭,牵引纬线沿木板穿梭,如此来回往复交织,然后用木板压实织出布。

图 59　西藏自治区级非物质文化遗产代表性传承人正在织布

僜巴服饰的织法共有四种:第一种是“赛马”;第二种是“佐”;第三种是“勒呗”;第四种是“崩”。对于这几种织法的难易程度,由难到易分别为:“赛马”“佐”“勒呗”“崩”,这四种织法又可以分为不同的小种类,包含不同的织法,共可以分为30种不同的织法。但是对于现在的僜巴女性来说,“赛马”这种织法已经失传了;最为普遍的织法是“勒呗”,“勒呗”可以分为“勒贝波棱”“勒贝达波楞”“勒贝贝母达瓦”“麻贡贝霍”“阿帕丁霍”“麻贡秋霍”“达姆”“达姆噶冷”等等;最为好看的织法是“佐”,也是剩余三种织法里最复杂的,且花纹相对其他更加细致一些,其他花纹相对比较粗糙一些,“佐”可以分为“佐啊”“佐锐”“波勒木”“达龙”“佐波勒木啊”“佐啊德姆”“波勒木格瓦”“佐扎”“佐韦霍”等等;“崩”又分为“崩得普”“达崩数霍”等等。

当然,所有衣服的织法并不是一成不变的。僜巴女性可以根据买家的需要,在原来的基础上,做各种各样的小调整,自由搭配,织成不同的样式。对于不同的衣服,线的颜色和数量也完全不同,女士上衣一般需要5—6种颜色不同的线,裙子需要7—8种颜色的线;男士的衣服也需要7—8种。

图60 僜巴女性正在织布

5. 缝制

僜巴服饰的最后一道工序是缝制,特别考验缝线者的眼力,年老的女性视力下降后就不能胜任这项工作,所以缝制者多为中年女性。在僜巴新村中,只有三个人会缝制衣服的技艺,分别是宏伟、白陀央、佳慧央。

在过去,缝制服饰的结合处都是用内线手工缝合,现在一般用缝纫机,再根据不同的需要,把织好的布做成不同的服饰。相较而言,缝制女性的服饰难度大一点,时间也较长需要2个小时,手工费需要20—30元;缝制男性的服饰难度较小,时间也较短,只需要1个小时,手工费为30—40元。

在僜巴新村,找别人缝衣服会带一些小礼物如烟、酒、饼干。缝制服饰时也存在一些禁忌,女性可以跨过所织的女性衣物,若所织的是男性衣物,则不可以跨过，而男性不能跨过任何正在织的衣物。僜巴至今仍严格遵守这种禁忌。

现在，僜巴在缝制服饰时已经做了很多改变。首先，从原材料来说，织布用的线全部由麻线变成了腈纶线，而且颜色多种多样。对于两者做衣服的速度而言，用麻线做衣服，制作麻线的时候会慢一点。但是现在的腈纶线，织之前也要先泡一下，先把水烧开，放成常温，把毛线放进去，然后拿出来，晾干再织布，但是不论哪一种线，在织布后几乎没有区别了。另外，就是现在缝制出来的服饰，不仅种类多样，而且颜色艳丽。

个案1：僜巴WDD十几岁就开始学习缝制服饰。以前缝制服饰可以拿去换粮食、鸡和猪等，如一条3米长的披肩可以换一头大猪；一个包可以换8—10斤水稻。有时候也拿腰裙、包和没有花纹的衣服，与藏族交换青稞、小麦等粮食。

个案2：僜巴BNY认为旧社会时贫富差异很大，衣服样式是分级别的，第一等是巫师穿的，后面有白色图案，没有短袖，衣服比一般的要大，要宽；第二等是有钱人穿的，上面有一块是黑色的，后面有三个花，颜色分别是红色、黄色、白色，而且有短袖，短袖上面有交叉的十字条纹，花球也多一点；第三等是普通人穿的，就是现在的样式；第四等是穷人穿的，没有花纹，全是平针，而且都是白色的。如今人人平等，想做什么款式都可以。

（二）僜巴服饰的变迁

服饰变迁必然会顺应服饰自身发展的规律，走向丰富多彩。僜巴服饰变迁的外在动因受僜巴社会变迁的影响。

1. 自然环境因素

僜巴属于迁徙民族，受自然环境的影响比较大。就僜巴服饰而言，僜巴最开始是从藏南地区搬到察隅县，藏南地区气候炎热，所以僜巴的传统服饰是由麻布制作而成，因为麻布透气且火麻的取材比较方便。

但察隅县相对藏南地区来说比较寒冷，麻布衣服逐渐不能满足僜巴的需求，僜巴逐渐发现用市面上卖的腈纶线织成的布制作的衣服更保暖，麻布衣服也逐渐被现在的腈纶线衣服所取代。

2. 经济因素

随着经济的发展，僜巴对美好生活的需求也逐渐得到提高。尤其改革开放后，腈纶线逐渐进入察隅县的市场。在制作服饰的原材料上，僜巴有了更多的选择，僜巴逐渐尝试用腈纶线织成布制作衣服。腈纶线制作的衣服除了保暖外，色泽也更加鲜亮，受到僜巴的普遍喜爱，麻布衣服逐渐被腈纶衣服所取代。

随着商业的迅速发展，越来越多的现代化大众服饰进入察隅县的市场。这些现代化的服饰款式多样、简单舒适，对于僜巴诱惑力更大，僜巴便逐渐开始尝试穿现代化的服饰。现在的僜巴年轻人普遍比较喜欢穿现代化的服饰。

3. 文化因素

文化变迁是随社会变迁而发生的。文化变迁是一个渐行不息的过程，既有对传统的吸取与摒弃，又有对外来文化的吸收。

随着社会的发展，各民族的交流交往逐渐增多，文化互相渗透，僜巴的观念也在逐渐发生改变，观念的转变也体现在僜巴的服饰文化上。如，僜巴男性开始穿上了裤子；僜巴普遍尝试穿现代的大众服饰等。另外，僜巴也发现传统僜巴服饰极其不适合田间劳作，且需要耗费大量的时间手工制作，所以僜巴也不愿意再花费大量的时间制作僜巴传统服饰。

三、僜巴传统服饰的功能和文化内涵

随着社会的发展，人们生活水平的提高，服饰的发展经历了从简单御寒蔽体的作用到蕴含审美文化装饰品的过程。服饰传递着本民族的文化信息，加强了其内聚性和认同感。僜巴传统服饰除了作为僜巴日常穿戴必需品，具有实用功能外，同时也蕴含着民族情感的因素。僜巴传统服饰不仅是美的象征，也是民族团结的象征，是僜巴社会发展的重要见证物。

(一)僜巴服饰的功能

图 61　僜巴传统麻布衣服

图 62　僜巴现代毛线服饰

御寒、遮羞是服饰最基本的功能，也是最传统的功能。随着时代的变迁，服饰作为形体的外延，又具有表现个人意志和精神状态的特点，人们逐渐认识到服饰的装饰功能。僜巴服饰原材料的改变体现了僜巴女性的创新精神，象征着僜巴女性对美的更高层次的追求，已经从传统的实用功能跨越到审美装饰。

在过去，僜巴的生活条件比较艰苦，基本的温饱都难以维持，所以僜巴男性必须要经常上山打猎，晚上也要住在山上。僜巴男性头上的“格崩”，不仅可以用来背东西，也可以在打猎受伤的时候包扎伤口，具较强的实用功能。还可以通过服饰细微的差别来区分未婚女性和已婚女性，未婚男性和已婚男性。如，未婚女性上衣的前襟会往腰右侧收一些；已婚女性上衣的前襟会在正中间。区分男性是否成婚的标志是通过男性头上的“格崩”，未婚男性的“格崩”，最开始缠的时候，上面会露出来一点长度；已婚男性的“格崩”可以不用露出来，直接缠在头上。此外，也存在特殊情况，如若已婚男性为僜巴中的富人，头上的“格崩”也要露出来，并且还要垂下来。

僜巴女性善于创新，有很强的创造能力。近年来，僜巴新村的小金制作出了一款专门装手机的斜挎小包，深得僜巴和藏族年轻女性的喜爱，在察隅县十分流行，属于畅销品。

（二）僜巴服饰的文化内涵

作为典型的传统手工技艺类非物质文化遗产，僜巴服饰的制作技艺能够流传至今，除了具有使用价值外，还具有独特的民族文化价值。

1. 美的象征

人人都喜欢美好的事物，都喜欢将自己打扮得光鲜美丽，爱美是人的本能。在服饰产生的早期，人们仅用一些原始的遮盖物遮挡私处。接着逐渐尝试用兽皮、树叶制成衣服，起到防寒蔽体的作用。随着时间的推移，人们对美的追求不断提高，尝试用不同的原材料制作更多舒适、美观的服装。可以说，服饰是人类追求美的外在表现，是人类文化的重要载体。

僜巴服饰色彩鲜明，图案多样，创作源泉多来源于自然与僜巴的信仰。对于服饰的颜色搭配，僜巴所用的“八色”通常是黑、白、蓝、绿、黄、玫红、大红、橘红。在僜巴的文化中，黑色象征庄重、高贵、财富，通常用于衣服的底色，并且易于搭配其他色彩；红色象征勇敢正直、高贵之意；蓝色象征广阔的天空；黄色象征五谷丰收；白色象征纯洁、神圣。除以上几种颜色，僜巴还喜欢用金色丝线和银色丝线，据说做出来的衣服更鲜亮，更美丽。

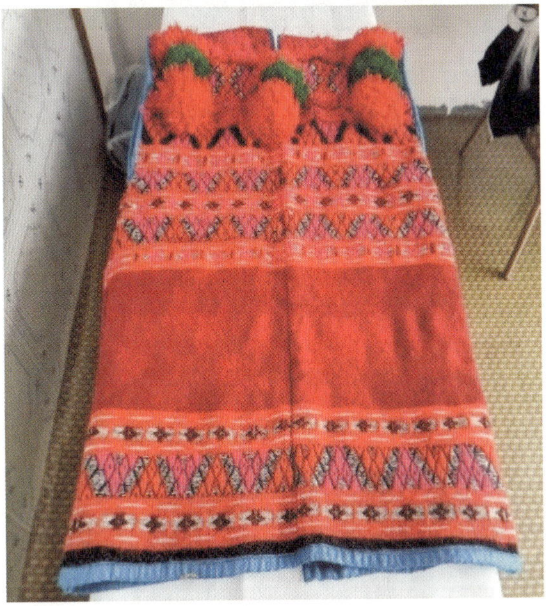

图 63 僜巴男性上衣

色调是一种象征符号，图案亦是。僜巴服饰的图案都是源于僜巴的生活，因僜巴过去世代居住在原始森林，生活环境亲近自然，所以许多图案是寓意自然或身体部位的几何图形，图案精美具有很高的艺术价值。服饰的几何图案有长方形、环形、菱形、三角形、平行四边形、波浪形等。僜巴最喜欢寓意为眼睛的菱形图案、寓意为肩膀的环形图案，以及寓意为山峰的三角形图案。这三个图案，据说都是年长的人世世代代传下来的花纹。关于它们的说法不一，据说僜巴中流传最广的说法是：“眼睛是敏锐的象征；肩膀是力量的象征；山峰是大自然的象征。”僜巴尤其喜欢寓意为眼睛的菱形图案，眼睛用僜语说是“波勒目”。因为在过去僜巴是狩猎民族，发现猎物就需要敏锐的眼力，捕捉猎物更需要强壮的体力，这些都与他们的生存息息相关。

图64　僜巴女性上衣

图65　僜巴女性披肩

图 66　僜巴长裙

图 67　僜巴挎包

僜巴买家预定服饰的时候，一般就会直接说自己需要什么图案，如，眼睛、鸟喙、彩色条纹、柱子等。僜巴新村的金阳做了一个带有“中国”字样的挎包，一时轰动全村，成了一个大新闻，被买家迅速买走了。

2. 文化认同的象征

少数民族服饰具有特殊性，不仅是民族识别的标志，还具有深层的文化内涵，它有着巨大的凝聚力，是民族内部成员的角色、年龄、尊卑的指示灯。在族群内部，民族服饰起着团结一致，情感统一的号召作用，在本民族的文化中有着举足轻重的地位。

僜巴服饰不仅是僜巴追求美的象征，更是文化认同的象征，反映了僜巴人民的生产生活与情感生活。统一的服饰搭配，更容易获得民族认同与归属，通过人与人之间的沟通交流，服饰的款式、色彩、材质逐渐趋同，地域环境对于服饰的影响逐渐减小。僜巴服饰作为僜巴的文化符号，是“将他们的梦想和希望付诸生产技艺和服饰装扮的审美历程。也正是由于它所经历的这一切，它才能够通过特有的外在形式来表现内在深沉厚重的历史和文化寓意。”①

僜巴服饰文化是僜巴在和大自然的相互作用中、与外界相互交流中逐渐形成的，积淀着历史的、社会的、习俗的、宗教的内涵，通过民族服饰的形式一一表现出来。对于僜巴服饰来说，僜巴女性是其主要创造者和传承者，起着沟通和桥梁的作用；僜巴男性既是服饰的使用者，又是服饰的欣赏者。在男女双方的相互作用下，打造出了僜巴服饰文化的独特场域，为僜巴服饰的传承和发展提供了内在动力。

在僜巴新村已经形成了一个以僜巴服饰为中心的文化生态系统，成为当地人不可或缺的文化资源，实现了手工技艺类非物质文化遗产的活态化传承，这对于其他未识别民族非物质文化遗产的保护具有重要的借鉴意义。② 可以说，僜巴服饰是对僜巴身份识别的象征，是对本民族文化认同的标志。

① 赵宏，曹明福. 中国纺织类非物质文化遗产概论［M］. 北京：中国纺织出版社，2015：66.

② 马宁，胡家淑. 非物质文化遗产视野下的僜巴服饰保护和传承研究［J］. 西藏民族大学学报，2020（04）：77-82.

四、僜巴服饰制作技艺的传承

僜巴服饰是代代相承的，是僜巴文化原型的一种表现。“所谓文化原型，是指人类移居不同生态环境创造各种的文化特质在其原始积累和功能实现中相互作用而形成的机构形态。”①僜巴服饰作为僜巴文化中独特的一种表现形式，蕴含着僜巴原始的民族气质，体现出僜巴共同的心理价值观念。它不仅是僜巴民众智慧的结晶，更是僜巴维持其生存的无价之宝，必须加以传承和保护。

（一）僜巴服饰制作技艺的传承现状

1、传承主体的现状

僜巴服饰制作技艺的传承是僜巴文化传承发展的重要一环，僜巴女性负责僜巴服饰制作技艺的传授与创新。过去，察隅县的所有僜巴村子中，几乎家家户户都会制作僜巴服饰。但随着社会的发展，学习制作僜巴服饰的人越来越少，尤其进入21世纪后，年轻一代外出务工的越来越多，所以僜巴服饰制作技艺的传承主体主要以老一代为主，传承出现了断层现象。

本娅作为僜巴服饰制作技艺的唯一传承人，1949年出生，是下察隅镇沙琼村人。对于僜巴服饰的制作技艺来说，僜巴新村的巴乃央的技术很精湛，在女性中最有威望，作为师父，她教授了很多徒弟，她是如今僜巴中唯一会制作僜巴巫师服饰的人。其他技艺比较好的僜巴女子有：宏伟、白陀央、佳慧央、美迪央，其中，宏伟是年轻一代的佼佼者，虽师承巴乃央，但是技艺已经青出于蓝而胜于蓝。

2. 传承主体的特点

通过对僜巴服饰制作技艺传承情况的调查来看，发现传承主体有以下几个特点：

一是传承主体多分布在僜巴新村。因为僜巴新村作为边境小康示范

① 马云杰. 文化价值论[M]. 西安：陕西人民出版社，2003：75.

村，是亻登巴人数最多的一个村，由于人口集中，求学方便，自然而然地在亻登巴新村形成了浓厚的传统服饰制作的氛围，促进了传统服饰制作技艺的传承，尤其是像巴乃央一样技术精湛的亻登巴传统手艺人，对亻登巴传统服饰制作技艺的传承和保护，作出了较多贡献。

二是传承主体年龄偏大。根据我们的调查，年龄在40—60岁的亻登巴服饰制作者占很大比例，这段时期的传承脉络较为清晰。20世纪80年代后出生的年轻人，很少再去主动学习亻登巴服饰的制作技艺。随着现代化生活的快速发展，人们就业机会越来越多，亻登巴年轻人已经不再单纯依赖这种技能，亻登巴传统服饰的传承之路变得愈发艰难，传承人群出现断层的现象。

三是传承主体开始学习制作亻登巴服饰的年龄段后移。根据我们的调查，在过去，亻登巴女性一般是十几岁就会开始学习服饰的制作技艺。但改革开放后，大多数亻登巴女性已经不再主动学习服饰的制作技艺了，很多人都是进入21世纪后才开始学习。出现这种情况是因为随着亻登巴服饰的制作技艺被列为自治区级非物质文化遗产代表性项目，亻登巴传统服饰逐渐受到重视，一些无法从事现代化生产的、年长的亻登巴女性便开始主动学习传统亻登巴服饰的制作技艺。

四是亻登巴服饰制作者的文化程度逐渐提高。根据我们的调查，随着社会经济的快速发展，改革开放以后，随着国家对教育的重视，民族地区的教育条件不断得到改善，每个人都有更多的机会进入学校接受正规教育，亻登巴的教育观念也逐渐得到改变，开始愈发重视子女的教育问题，越来越多的人希望子女在外面找到一份稳定的工作，过上更好的生活，脱离农村。

（二）亻登巴服饰制作技艺的传承方式

一般而言，非物质文化遗产的传承主要有两种形式："一是群体传承，如礼俗仪式、岁时节令、社稷庙会等大型民俗活动；二是传承人传承，如口头文学、表演艺术、手工技艺、民间知识类的民俗文化等。”①僜巴没有自己的文字，自古以来，服饰文化的传承主要靠口耳相传。经我们调查后发现，察隅县僜巴服饰的传承方式有三种：一是以血缘关系为纽带的家庭传承；二是以师承关系为纽带的社会传承；三是以政府组织为纽带的集体培训。

1. 以血缘关系为纽带的家庭传承

以血缘关系为纽带的手工艺传承模式是僜巴服饰制作技艺最为普遍的传承方式，一般都是长辈教授后代技能和经验。僜巴服饰制作技艺多在直系亲属间传承，大多数家庭都是母亲教授女儿或者婆婆教授儿媳，从简单的图案一直到复杂的花样，需要通过不断练习，才能提高其技艺。家庭传承属于最早的传承方式，也是僜巴服饰制作技艺得以延续的重要动力之一，保证了僜服制作技艺的代际传承。②

个案3：MDY十多岁就跟着母亲学习织布，她说：“我织的第一件衣服是平针的披肩，不仅织了五六天才织好，织得还比较粗糙，只能自己使用。村里现在织布的人很多，平针织法差不多全村人都会。我们是用专门的织布工具制作衣服，还没有使用织机的习惯。现在来我们家订购衣服的人特别多，一般都是本民族在订，单位上也订一些，藏族人也会来买，藏族女性喜欢穿这个裙子，所以裙子买得多，偶尔也会买衣服。”

个案4：BY从小跟着祖母和母亲学习制作僜巴服饰，几十年来制作了各式各样的服饰，2007年僜巴服饰入选西藏自治区第二批非物质文化遗产代表性项目名录，BY被选为自治区级非物质文化遗产代表性传承人。成为传承人后，BY多次参加非物质文化遗产宣传和展示活动，现在已经成为察隅县乃至林芝市的名人。

---

① 王文章. 非物质文化遗产概论[M]. 北京：教育科学出版社，2008：258-259.

② 马宁，胡家淑. 非物质文化遗产视野下的僜巴服饰保护和传承研究[J]. 西藏民族大学学报，2020(4)：77-82.

2. 以师承关系为纽带的社会传承

师徒传承是非物质文化遗产最传统的传承方式之一，而这种师徒传承方式在早期僜巴传统服饰制作技艺的传承过程中出现得较少。

近年来，由于政府开始注重僜巴传统服饰制作技艺的保护和传承，随着市场需求的日益扩大，僜巴服饰的价格也逐渐攀升，越来越多的人选择拜师学艺，形成了比较系统的师教徒学的体系。社会传承逐渐打破了传统的家庭传承模式，使僜巴服饰制作技艺的传承形式由单一的血缘传承演化为血缘传承与地缘传承并行的混合式传承模式，改变了僜巴服饰制作技艺在家族内传承的传统，不断扩大师徒相授的范围，使越来越多的人加入到僜巴服饰制作技艺中。

老一辈的僜巴女性作为僜巴服饰制作技艺的传承主体，同样也积极履行着传承人的责任和义务。但是师傅在教授徒弟的过程中，教授的都是一些常用的技法，至于一些精巧的技法需要学徒自己不断学习和领悟。同时僜巴传统服饰越来越受市场欢迎，也为僜巴服饰制作技艺的保护和传承提供了社会基础和“活态”空间，使僜巴服饰制作技艺能够更好地“活态”传承。

3. 以政府组织为纽带的集体培训

集体培训是指在政府的组织下，通过开展培训班的形式，让专业的老师教授学员学习的传承活动。察隅县僜巴新村先后应上级政府部门的要求，分别于2012年、2015年、2016年，在下察隅镇沙琼村开展了三次僜巴服饰制作技艺的教授课程。传统的僜巴服饰制作技艺老师有本娅、巴乃央、宏伟、佳慧央，培训时间为一周，采取全天教学的方式。在培训时，老师和学员都有培训补助，老师比学员相对多一些。

僜巴新村去学习制作技艺的一般都是初学者，没有一点基础。但由于传统的僜巴服饰制作技艺复杂，能够真正出师的寥寥无几。

个案5：BNY是15岁时开始跟随母亲学习织布的。2015年、2016年接受当地政府部门的安排，到培训班担任师父，教了25个徒弟，分别来自沙琼村、夏尼村和僜巴新村。BNY 说："在培训中，由于学习时间短，技艺难度又大，能学好的人不是很多。"

现在僜巴新村几乎所有年长的僜巴女性都能完整说出僜巴服饰制作技艺各个工序的细节操作流程。在学习制作技艺的僜巴女性中，尽管有些女性还在初步学习阶段，只能织出一些简单的衣服和挎包，但是她们勤奋好学，一直在不断地学习，所以这项技艺具备良好的传承基础。

五、僜巴服饰制作技艺的保护和传承路径分析

从僜巴服饰自身性质来看，其独特的制作技艺，悠久的历史，是僜巴非物质文化遗产中的典型代表。为了僜巴服饰制作技艺得以更好地传承，国家投入了大量的人力、物力和财力，通过抢救性保护的方式，将僜巴服饰转化为可供大众欣赏和消费的文化产品。

（一）僜巴服饰制作技艺抢救性保护的基础分析

1. 历史文化基础

不同民族因为所处自然环境的不同，形成了各不相同的地域文化，相对稳定的地域文化造就了基本稳定的地域服饰。自然和人文历史环境双重环境的作用下，奠定了僜巴独特的服饰文化。

僜巴服饰历史悠久，作为典型的手工技艺类非物质文化遗产，体现了僜巴的历史发展变迁，承载着厚重的历史文化内涵，是僜巴服饰进行抢救性保护的历史文化基础；是僜巴历史、文化、宗教意识形态的反映；是僜巴文化的重要组成部分；是僜巴民众审美艺术的表现形式，记录了僜巴的历史发展进程。

2. 群众基础

僜巴服饰是僜巴在历史发展进程中自我审美意识的反映，也是其作为商品流通使用价值和审美价值的体现。如，僜巴信仰万物有灵，即使是日常服饰，衣服上的图案、花纹也与大自然紧密结合。

僜巴服饰制作技艺流程完整度高，传承体系完整。虽然部分工序出现了简化，但核心技艺仍然得以保留。如，现在僜巴服饰制作技艺所用的原材料已

经由原来火麻制作的麻布变成了从祖国内地购买的腈纶线，每卷售价为 10 元左右，另外还有“金线”“银线”，每卷售价 30 元左右。现在少了做麻线和染色两个步骤，这种保留核心技艺，替换原材料的生产方式，不仅节省了僜巴纺线染色的时间，提高了僜巴服饰的制作效率，增加了家庭经济收入，还提高了僜巴女性制作僜巴服饰的积极性，更利于僜巴服饰制作技艺的传承。

图 68　下察隅镇出售毛线的店铺

29 岁下察隅镇的商店店主 WY 说：“我是接手母亲来打理这家店的，20 世纪 80 年代末母亲就来这里做生意了，刚开始尝试采购一些腈纶线，买的人不多，大部分买毛线的人是僜巴村里的中年女性。僜巴最喜欢用的颜色有黑、白、蓝、绿、黄、玫红、大红、橘红这 8 种颜色。母亲一直都是从成都进货，因为我们老家是成都的，比较熟悉，进货也比较便宜。听僜巴说，她们很喜欢这些线做的衣服，说做出来的衣服很柔软，很暖和。”①

僜巴服饰制作技艺的抢救性保护路径较为成熟，具有一定的普适性，非常值得其他非物质文化遗产项目借鉴。僜巴服饰销量好，带动僜巴女性的

① 根据对下察隅镇个体户 WY（女，汉族，29 岁，成都人）的访谈整理而成。

工作积极性，尤其是解决了僜巴女性的就业问题。足不出户，就可以获得现金收入。我们发现现在的僜巴服饰制作技艺发展状况良好，前面提到僜巴服饰保护、传承的价值和意义时，就提到了制作僜巴服饰所产生的经济效益，有助于增加僜巴家庭的经济收入，更有利于僜巴服饰的发展和传承。

图 69 毛线

（二）僜巴服饰制作技艺传承所面临的困境

僜巴服饰独具特色，作为传统手工技艺类非物质文化遗产，具有重要的符号意义。非物质文化遗产所具有的生产性特征是由其本身的特质决定的，传统手工艺、民间美术、医药炮制类药物三类非物质文化遗产的生产性特征更为明显。[①]

僜巴传统服饰文化作为非物质文化遗产的一部分，在不同的历史时期具有不同的历史风貌。通过对这些不同的历史风貌进行研究，可以帮助人们从多个角度理解僜巴的社会历史文化，以便了解不同时代僜巴的生产生

① 王伟华. 杰德秀邦典编织技艺的生产性保护研究[D]. 咸阳：西藏民族大学，2019.

活和精神文化。在全球一体化的当代，现代文明正冲击着人们的视野，因此继承和发扬僜巴服饰传统文化有其独特的意义。但结合僜巴传统服饰自身特征以及其生存环境因素，可以发现僜巴传统服饰文化面临的几个困境。

1. 僜巴服饰随生存环境的变迁

随着社会经济的快速发展，网络技术的发达，城市化的急剧渗透，僜巴逐步与藏族、汉族等民族杂居，僜巴的生存方式也随之发生了改变，告别了过去刀耕火种的时代，过上了现代化的生活。在僜巴新村里，僜巴一般都穿现代的流行服装，尤其是年轻人，只有极少数的年长者会穿民族服饰。年轻人的观念早已经发生转变，如更希望找到一份光鲜体面的工作，过上更好的生活。这些观念在一定程度上使僜巴服饰文化的传播途径受到了限制，失去了传承的空间。

2. 僜巴服饰制作部分古老技艺的消失

在历史的长河中，冲刷掉了太多珍贵的文化印记。僜巴女性是僜巴服饰的制作者，以纯手工制作为主要生产方式。

在过去，僜巴服饰从原材料开始，要经过选材、染色、加工、编织、缝制等都是僜巴女性从小习得的本领，但随着僜巴逐渐与现代化接轨，随着社会的快速发展，学习僜巴服饰制作技艺的僜巴女性越来越少，很多精细烦琐的僜巴服饰编织技法无人传承，导致逐渐退化、消失。如作为僜巴服饰编织手法中最为精美的“赛马”，现在在我国境内的僜巴中已经彻底失传了，留下了遗憾。

3. 僜巴服饰传承规模小而无序

在察隅县，所有的僜巴服饰依旧是以个人为单位，几乎没有商店卖成品的僜巴服饰。如果有顾客需要买僜巴服饰，必须要先到会制作僜巴服饰的僜巴女性家中提前预订，然后才去商店挑选线，最后再制作衣服。制作僜巴服饰比较浪费时间，因为僜巴女性并不像工厂的工人一样，每天有特定的大量时间用来制作衣服，她们因各种家庭琐事，严重影响制作的进度，造成效率低下的局面。而且,顾客只有在衣服做好之后,才能亲眼看到成品服饰的样子,这种购买方式与现代社会先看货再购买的购物方式存在很大差异,很难让顾客放心,会打击外地顾客购买服饰的积极性,因此只能建立在当地熟人社会的基础上。

另外,僜巴女性制作完服饰后,没有为消费者提供售后服务的习惯,消费者的权益得不到保障,无法树立良好口碑,更难形成品牌效应。所以这种家庭作坊式的生产模式,使僜巴传统服饰规模小而无序,同时也加大了僜巴服饰传承主体的竞争关系,十分不利于僜巴服饰制作技艺的保护和传承。

4. 僜巴服饰制作技艺的代际传承问题

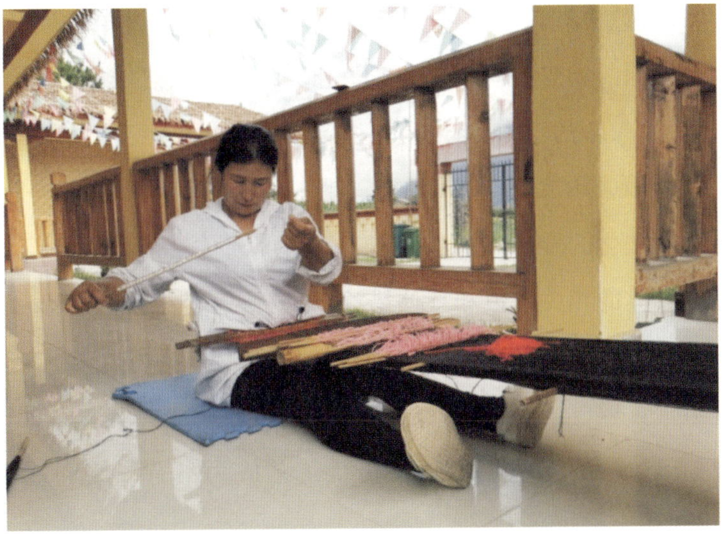

图 70　织布的僜巴女性

制作僜巴服饰非常辛苦,初学者一开始织布时都会腰酸背痛几个月,最初都是先学习最简单的织法,慢慢由简单到复杂,一般需要学习几年后才可以熟练掌握。所以僜巴年轻人,不愿意去学习这项技艺。这些在无形中,给僜巴服饰的传承带来了消极的影响,而这种消极的影响使得很多僜巴老艺人面临着找不到年轻徒弟的窘境,在这种情况下,如何促使年轻人转变思想观念,意识到传统文化的魅力,静下心来学习非物质文化遗产就显得十分必要。

除上述原因外，还有一点是随着教育的普及，僜巴孩子的重心放到了学业上，僜巴家长也把子女的教育放在第一位，期望子女能学业有成，未来能有一个更好的发展。僜巴父母也不会强迫她们学习制作衣服，子女也没有兴趣主动去学，僜巴女性开始有了更多外出求学的机会。所以僜巴服饰制作技艺的传承问题，正面临着很大的挑战。

六、僜巴服饰制作技艺保护与传承的对策建议

僜巴服饰不仅是西藏自治区级非物质文化遗产代表性项目，更是中国的众多非物质文化遗产之一。对于优秀的传统民间文化，我们应该倾尽一切力量去保护，使其努力适应时代的变迁，在新时代里依旧有其存在的意义，依旧可以创造出辉煌。传统文化的传承和发扬，不是单方面的力量，而是要动用各方面的力量，提高其知名度，提高民众对它的认识，使其焕发新的社会风采，注入新的活力，帮助僜巴服饰制作技艺传承下去。

（一）发挥政府的主导作用

僜巴服饰文化的传承和保护需要政府的帮助扶持，相关部门要结合实际情况制定具体的相关政策和具体措施。如，国家可以加大资金投入力度，帮助僜巴建造专门的僜巴服饰作坊，把其传承主体统一集中在一起，聘用专业的人才负责管理、运营；对手工艺传承人给予补贴，鼓励创办培训班，支持她们创业，并形成品牌效应，让这些传统工艺成为富有民族和地域特色的产品。

绝大部分非物质文化遗产项目的生存空间和传承主体皆在民间。非物质文化遗产的传承人大多数生活在贫困地区，据文化和旅游部的统计，国家支持的15个传统工艺工作站中有8个在贫困地区。因此政府在相关政策措施上的支持，可以先从经济上出发，适当帮助当地民众获得实实在在的经济收入，因为只有解决了基本的生活问题，才能谈对非物质文化的保护和传承，早在2005年，《关于加强我国非物质文化遗产保护工作意见》确立了非物质文化遗产保护“政府主导、社会参与、明确职责、形成合力”的基本原则，

明确了非物质文化遗产保护工作中政府的主导地位。

这些年,众多学者为非物质文化遗产的保护工作保驾护航,为非物质文化遗产保护实践指明方向,为政府组织的政策制定积极建言献策。这些工作都需要政府发挥主导作用,讲求工作方法,协调政府、社会组织、专家、传承者的关系,将保护规划与实施方法全面结合,形成同向合力。可以肯定的是,国家已经意识到保护非物质文化遗产的文化价值,僜巴服饰文化的传承正是需要这样强有力的保护,只有这样才能形成一股强大的软实力,才能做好非物质文化遗产的保护和传承工作,同时又能带动当地的经济发展。

(二)发挥僜巴服饰传承人的能动性

传承人是非物质文化遗产保护的核心,非物质文化遗产保护离不开传承人,僜巴服饰制作技艺的传承方式,是非物质文化遗产传承人在实践中摸索总结出来的,具有很强的实用性。

僜巴服饰制作技艺的传承人本娅,如今已年过古稀,受身体素质的限制,对于僜巴服饰技艺的传承,难以再做到身体力行。所以对于僜巴服饰的传承和保护,主要还是依靠这些会制作僜巴服饰的女性,而技艺相对精湛一些的僜巴女性,年龄又相对偏大,会制作僜巴服饰的年轻女性少之又少,已经出现了严重的代际传承问题。由于僜巴服饰是手工技艺类非物质文化遗产,其传承和学习不能一蹴而就,往往需要很长时间,很多年轻女性都不愿意再去学习制作僜巴服饰。这就对传承人的传承工作提出了挑战,所以着力培养下一代人是现在传承工作的重中之重。僜巴服饰传承人必须发挥其能动性,强化自己的榜样作用,担负起传承僜巴服饰的责任,做好自己的本职工作,多与徒弟沟通,更好地传承技艺,发挥出传承人的作用,呼吁更多的年轻女性学习僜巴服饰的制作技艺。

(三)提高僜巴服饰的制作技艺

对于非物质文化遗产的保护和传承来说,尤其手工技艺类非物质文化遗产,技艺是至关重要的。传承的前提是必须要有精湛的技艺。对于僜巴服饰制作技艺的传承来说，麻布制作技艺正在逐渐消失。用腈纶材料制作的衣服与原来用麻布制作的衣服完全没有可比性。麻布的原材料是火麻表皮的纤维，属于纯天然的材料，不会对人体造成伤害，同时还有凉快、干爽、亲肤、防过敏、不易起球等优点。所以，僜巴的服饰使用麻布材质，有一定的市场需求。

僜巴可以利用现在村子里的老人重拾这项技艺。虽然现在已经完全不做麻布衣服了，但是村子里的老人依然还掌握这项技术，必须抓紧行动起来。制作麻布的亚麻布料是由亚麻纤维编织而成，纤维的粗细程度不是特别均匀，在技术上要求比较高，为了做出更加细腻精美的麻布，僜巴也可以借鉴祖国内地的麻布制作技艺，做适量的改进工作。相信这样，僜巴服饰制作技艺的传承会更有价值和意义。

（四）做好对僜巴服饰文化的传播宣传工作

当今社会网络发展迅速，已经进入信息化时代。各种各样的信息铺天盖地，一部手机就可以帮助我们了解天下事。僜巴要充分把握时代潮流，抓好机遇，充分利用网络环境，加大宣传力度，提高僜巴服饰的知名度。同时调动僜巴年轻人的积极性，改变僜巴年轻人的思想观念，吸引更多的年轻人加入到传承中去。

僜巴服饰的保护是一个动态的保护，即在发展中传承保护。察隅县文化宣传部门应该利用多种形式做好僜巴服饰文化的宣传工作，形成良好的舆论环境，达到良好的舆论导向效果。如组织开展僜巴服饰展出活动，僜巴可以穿戴具有僜巴本民族特色的服饰，进行巡回演出。但目前这种形式只会出现在重大节日，建议察隅县文化宣传部门加大组织力度，利用旅游旺季多开展类似活动。

在对僜巴服饰文化的宣传方面，每个僜巴都有责任和义务为其文化的传承和弘扬贡献一份自己的力量。在这个方面，夏电夏就起到了很好的模范带头作用。夏电夏自筹资金在察隅县下察隅镇的僜巴新村创办世界首个僜巴民俗陈列馆，也是西藏历史上第一且唯一的僜巴民俗陈列馆。民俗陈列馆除了展出僜巴的传统服饰之外，也展出了大量僜巴本民族特色物品，如传统房屋模型、200余种僜巴以前打猎用的各种工具以及其他手工艺品实物和图片。如今，不少慕名而来的游客来到僜巴新村，都会到僜巴的民俗陈列馆参观，满足了游客集中领略僜巴文化的需求。僜巴民俗馆对僜巴文化起到了很好的宣传作用，使游客对僜巴的特色民族文化有了深入的了解，感受到了僜巴的风土人情，领略了僜巴文化的独特魅力。

图71　僜巴女性参加文艺会演的照片①

随着网络技术的发展，僜巴也可以更多地运用抖音、快手、微信等社交软件，积极宣传僜巴的文化。如阿普，阿普作为僜巴中的知名网红，经常在网上发布作品，以视频、图片、文字的形式，积极传播僜巴文化，使越来越多的人通过阿普拍摄的短视频了解到了僜巴独特的民族文化，对展示民族文化魅力具有重大意义。

此外，在僜巴的各个村庄，尤其在僜巴新村，随处可以见到僜巴女性在

① 由僜巴新村村委会提供。

自家院子里织布，不少游客驻足观看的情景。在纺织的过程中，游客遇到不理解的地方，僜巴女性都会耐心地进行讲解。这些在无形中对僜巴特色的民族文化起到了很好的宣传作用。

（五）促进僜巴服饰文化与旅游文化的深度融合

有学者认为，“旅游能够成为族群传统文化保护和发展的多赢平台，这种旅游发展必须建立在社区参与之上”。[①] 察隅县拥有悠久的历史文化和独特的风俗民情，可以将其与僜巴服饰文化深度融合。

第一，僜巴作为未识别民族之一，文化独具特色，与其他民族截然不同。

第二，现如今，察隅县的交通越来越便利，僜巴的各项基础设施建设逐渐发展，趋于完善，为游客来旅游提供了极大的便利。

第三，僜巴拥有满足发展当地旅游的平台优势，僜巴可以以僜巴民俗陈列馆为平台，充分发挥当地丰富的旅游资源优势。同时在僜巴新村里，游客不仅可以品尝到僜巴的特色手抓饭和其他美食，还可以免费体验穿戴僜巴服饰、银饰等。

第四，僜巴拥有满足发展当地旅游的语言优势。在察隅县，几乎所有的僜巴都会说普通话，这种现象在我国边远的少数民族地区是比较罕见的。游客可以安心去僜巴新村游玩，不用担心游玩途中沟通的问题。

所以僜巴的服饰文化与旅游文化的深度融合，不仅可以做好对僜巴服饰制作技艺的保护与传承，同时也可以保护和发展僜巴的其他非物质文化遗产，促进当地经济的发展。

---

① 孙九霞．传承与变迁——旅游中的族群与文化[M]．北京：商务印书馆，2012：273.

第三节 僜巴银饰制作技艺和僜刀制作技艺的传承

察隅县僜巴银饰制作技艺历史悠久,代代相传,有专业从事银饰制作的银匠,僜巴制作的银饰不仅深受僜巴喜爱,也深受当地藏族等其他民族的喜爱。由于其独特的制作技艺,每一件饰品呈现不同的花纹图案,每一件成品都是独一无二的,既是装饰品,同时又是艺术品。

一、僜巴银饰加工制作技艺的来历

关于僜巴银饰加工制作技艺的来历,在当地流传着两种说法:第一种说法是僜巴从杜来河流域迁徙到下察隅县时带过来的;第二种说法是从云南省传过来的。

我们调查后认为,这两种说法都有较大的可信度,原因是僜巴女性佩戴传统银饰的历史悠久,而且僜巴传统银饰与藏族首饰的差异较大,因此有可能是跟随僜巴的迁徙将杜来河流域的银饰手艺带到了下察隅镇。而云南省的银匠早已闻名全国,因此也不能排除是跟随马帮,沿着茶马古道从云南流传到下察隅县。

二、僜巴银饰加工制作技艺的流程

(一)备料

僜巴制作银饰需要大量白银,但是察隅县本地不出产白银,所以在过去,白银的主要获得方式是通过与其他民族进行物物交换。在得到银币后,僜巴或将其烧熔后作为原料使用,或直接用其制作装饰品,这些银币中以尼泊尔所产银币数量最多。银匠制作银饰时可以用自己的银币,也可以由顾客提供银币,交给银匠制作,若由顾客提供银币,则只收取工费。

(二)准备工具

僜巴制作银饰的工具很多,如锤子、铁錾子、钳子、镊子、锯子、桌子、炉子、模具、坩埚、剪刀、勺子、秤、砂纸。

（三）熔炼

根据制作银器的大小，把适量的尼泊尔银币清洗干净后放在坩埚中，用炭火持续加热，将银币融化成银水，并去除其中的杂质。现在大多数银匠都在这一工序中使用汽油喷枪，由于火力足，极大地缩短了制作时间。

（四）制模

银匠会将银水倒入传统模具中，并用湿泥土覆盖等银水冷却，通常情况下大概需要 6—7 分钟，如果首饰重量在 10 克以上的话，大概需要 10—15 分钟冷却，冷却后的银水就是首饰的粗模，一般会制成银板，再进行深加工。僜巴喜欢抽烟，而且制作银制烟斗的技术较为简单，因此银制烟斗在僜巴中非常流行。

（五）錾花

用专用的小榔头对银饰粗模进行敲击，直至银饰表面均匀光滑。再根据顾客的需要，用錾子刻出不同的花纹。僜巴女性前额上佩戴的发箍，达让话（僜语中的一种）称为“格崩”，为椭圆形类似于柳叶状的银片，上面镂刻有各种花纹，造型优美。另外还有流苏发簪、耳环、项链、项圈、手镯、脚环等。现在还有戒指、银铃，样式越来越多样化。

（六）打磨和抛光

对制作好的银器进行打磨，打磨完成后将已经成型的银饰放入硫酸水中清洗，然后再放入抛光机中 1—2 分钟进行抛光处理。抛光处理后的银饰银光闪闪、美轮美奂。僜巴银饰美观精致，深受群众欢迎，每逢儿女婚嫁，都会毫不吝啬地订制数千元乃至上万元一套的银饰。

2009 年，察隅县僜巴银饰制作技艺被列入西藏自治区级第三批非物质文化遗产代表性项目名录。僜巴银饰制作技艺作为手工技艺类非物质文化遗产，饱含着僜巴文化艺术的结晶。

现在察隅县下察隅镇僜巴新村的村民夏电夏是僜巴银饰制作技艺的自治区级代表性传承人。夏电夏出生于 1964 年，自幼跟随父亲学习银饰制作，多年来在察隅县内外从事银饰制作,他制作银饰的技艺已经达到炉火纯青的地步,目前有4名徒弟。夏电夏制作的银牌、银镯、银簪、银项圈等僜巴银饰美观精致,图案栩栩如生,颇受僜巴群众喜爱。

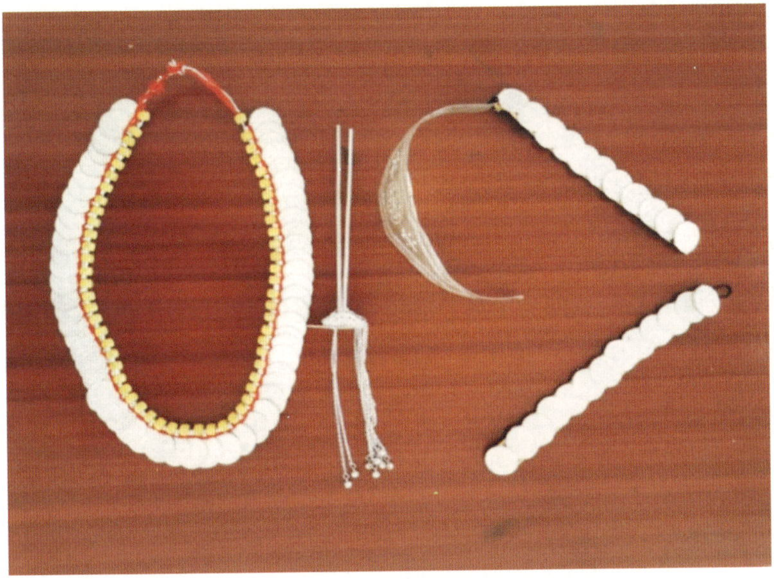

图72　僜巴银饰

三、僜巴银饰加工制作技艺面临的挑战及对策

首先,由于僜巴银饰的样式比较古朴,和现在社会上流行的金银首饰相比不占优势。随着社会的发展,越来越多的僜巴青年喜欢到拉萨市或林芝市的商场里购买金银首饰,这在很大程度上挤压了僜巴传统银饰的市场;其次,由于银价越来越高,制作银饰品的成本也水涨船高,僜巴银匠往往需要花费更多的流动资金用来准备银币,影响了继续从事这一行业的积极性,因此越来越多的僜巴银匠让顾客自己准备银币,自己只进行加工制作,赚取工艺费。再次,受惠于西藏实施的边境小康示范村建设,位于中印边境地带的僜巴能够享受很多优惠政策,一些中年银匠在孩子们工作后也选择不再从事银饰制作。[①] 由此,僜巴银饰制作技艺的保护与传承情况不太理想,已经

① 根据对僜巴银匠YX(男,僜巴,52岁,僜巴新村村民)的访谈整理而成。

出现了传承人几乎不再做银饰,也没有徒弟愿意学习的窘境。可以说,僜巴银饰制作技艺的保护与传承工作任重而道远。

僜巴人数较少,随着时代的发展,越来越多的年轻人通过读书参加了工作,佩戴本民族银饰的机会在减少,这样一来,僜巴中的年轻人对银匠的需求量也在不断缩小,如果只是任其自发发展下去肯定会陷入传承困境。西藏的文化部门有必要介入,通过投入足够的财力,才能使其继续传承下去。

四、僜刀制作技艺的传承

铁器锻造是僜巴的除银饰制作外的另一项传统手工技艺,僜巴有专业从事铁器锻造的铁匠。最初,僜巴锻造铁器的技术比较落后,只会打制一些简单的小型农具、刀具、打猎用的铁质箭头、炊具等。后来有了专业的铁匠,才逐步铸造出了僜刀。

僜刀的制作过程分为熔铁、倒模、淬火、锻造、打磨、装饰等步骤,制作好的僜刀刀背厚重,非常锋利。僜刀的刀鞘为木质,用铜丝将两块长度适中的木板缠绕捆扎而成,在刀鞘的开口位置会做一个“忒熔”(突出来的木痕),防止拔刀时切断缠刀铜丝或划伤自己。刀柄多用牛角镶嵌而成,在刀柄与刀身衔接处由银粉焊制成火焰形状,使刀身粗糙,增加摩擦力,起到防滑的作用。僜刀的肩带是牛皮制作的,可斜挂在腰间。

僜刀一般分为五类,分别是:配饰刀“绕窘”;砍刀“戴东”;宽刀“达日啊隆”;普通小刀“达让啊”;折叠小刀“吉郭克拉”,其中,配饰刀“绕窘”最贵,砍刀和宽刀价钱次之,折叠小刀最便宜。按刀的长短又可以分为四种,分别是:“达让迥”(45 厘米);“达让”(35 厘米);“达让啊”(20 厘米—30 厘米);“裹格拉”(20 厘米)。僜巴的铸刀师都是在家里铸造僜刀,没有专门的门店,买家必须要到铸刀师的家里订购。

个案 1:PYT 跟随父亲学习打刀工艺,也是僜刀现今为数不多的民间青年传承人。平日里,较多的人订购“达让迥”用于装饰、展示,其次是“达让啊”,一般为家里农用,割草砍柴。藏族人也会来订做僜刀,因为他们觉得僜刀结实、锋利，特别好用。以前打刀的材料都是和别人交换得来的，现在可以在网上买，虽然邮寄过来比较慢，但是比镇上卖得便宜。①

历史上，因为僜巴一直在高山密林中生活，经常有野兽出没，为了生产方便和安全考虑，僜巴就形成了刀不离身的习惯，僜刀既是非常重要的生产工具，也是装饰品，是僜巴勇武的象征。随着时代的发展，现在绝大多数僜巴都不佩戴僜刀了，只有一些老年人仍然坚持这一传统。

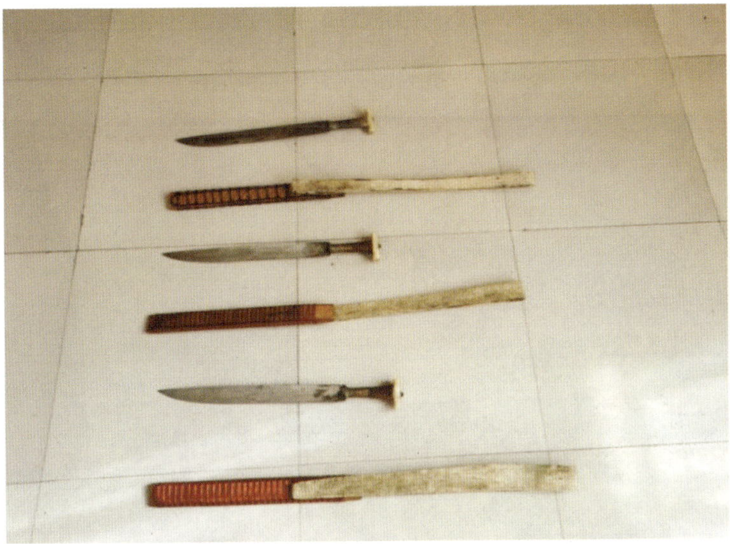

图 73　僜刀

第四节　僜巴手抓饭制作技艺的共享化发展

手抓饭是僜巴的特色食物，具有悠久的历史。手抓饭的核心原料是土鸡，以前僜巴饲养的土鸡数量少，个头也小，所以就显得手抓饭很稀罕，平时舍不得吃，只有招待最尊贵的长辈或是过重大节日时才会食用。

---

① 根据对 PYT（男，22 岁，僜巴新村村民）的访谈整理而成。

一、僜巴手抓饭的来历和食用方法

僜巴认为,古代时手抓饭并不是普通人能够食用的,而是祭祀天神的祭品。关于手抓饭的神话传说是这样叙述的:“相传,很早以前天上同时出现了10个太阳,大地每天被烤得炙热,人们无可奈何。僜巴的始祖阿加尼的老婆生了一个儿子,但是太阳把他儿子活活晒死了,据说当时他儿子都已经长了两颗牙齿,遗体还被老鹰叼走了。自此阿加尼特别恨太阳,他说只要哪个太阳敢出来,他就必须射掉它,他用准备好的弓箭把出来的太阳都射掉了,最后只剩下两个太阳,太阳再也不敢出来。

图74 僜巴家的传统灶台

过了一段时间,太阳一直不肯出来。大地一片漆黑,毫无生机,人们无法正常生活,都盼望太阳能再出来,但是太阳看到其他出来的兄弟姐妹都被射杀了,就不肯出来。这时候,阿加尼想到了一个办法,打算供奉美食,利用美食把太阳引诱出来。他准备了烤干的鱼肉、鸡肉、猪肉以及芝麻和米饭,将它们拌好后摆在了外面。太阳闻到手抓饭的香味后真的出来了,并美美地饱餐了一顿。吃完之后,他们双方开始调解,商量了一个很好的办法:两个太阳不能同时出来,白天让妹妹出来,晚上让哥哥出来,因为哥哥胆子比妹妹大，晚上不会感到害怕。然后僜巴又把榕树栽到太阳的前面，因为榕树比较高大，茂密，而且繁殖能力强。榕树遮住太阳后，人们就感觉不到晒了，所以这个不晒的太阳后来就变成了月亮，哥哥虽然变成了月亮，但妹妹还是太阳。[①] 这个神话传说体现出僜巴对自然天体的朴素认识，蕴含着独具特色的民族文化。

僜巴手抓饭除原生态食材以外，连蒸锅、汤锅、拌勺等也都是自己打制，采用砍柴烧火的方式蒸煮米饭、熬制鸡汤。同样，僜巴特色手抓饭的吃法也很讲究，不是用筷子，而是只用大拇指、食指和中指三个手指食用。在吃手抓饭的时候，手抓饭的米饭和汤吃完之后，可以随时加，再配上僜巴自制的鸡爪谷米酒，更是别有一番风味。

二、僜巴手抓饭的制作过程

图 75　僜巴手抓饭套餐

制作僜巴特色手抓饭是一个浩大而复杂的工程，需要耗费一个上午的时间才能完成。主要程序有：

① 此神话传说是根据僜巴 DXD(男，65 岁，僜巴新村村民)的讲述整理而成。

（一）备料

一般要准备好2只土鸡、数碗大米、一把小葱、4个鸡蛋、几块生姜、一碗鸡爪谷面粉、几片芭蕉叶、辣椒酱、食盐、花椒、香料等。准备好食材后，在院子里用三块石头垒成火塘，生火并烧上一大锅水。

（二）处理鸡

僜巴做手抓饭时用的鸡，都是僜巴自家养的土鸡，富含油脂。处理鸡时，先把鸡毛清理干净，然后放在柴火堆上烤，去除残余细毛，这种处理方法能使鸡皮紧致发黄，僜巴认为这样可以增加鸡肉的香味。

（三）切鸡肉

僜巴会用锋利的腰刀把鸡切成大块，切鸡的时候也很有讲究，需要把整只鸡分成四大块，当地人俗称“四块肉”。挑选鸡胸脯、鸡心、鸡肝、鸡肠切成小块。

（四）煮鸡肉

煮鸡肉需要把鸡肉和香草①、香樟树叶②、辣椒以及鸡的苦胆放在清水里一起煮一个多小时，僜巴认为这样煮出来的鸡肉味道会更加鲜美。煮鸡肉时要讲究火候，不能煮得太久，否则会把肉煮烂，影响口感。煮肉时要一边煮一边舀掉鸡汤表面的沫子。鸡肉煮好后捞出，鸡汤盛到碗里备用。

（五）蒸米饭

制作手抓饭用的大米都是察隅县当地产的大米，因为察隅县的气候和温度很适宜水稻的生长，蒸出来的米饭吃起来香甜可口。

（六）撕鸡肉和剁鸡骨头

鸡肉煮熟晾凉到不烫手后，就需要将鸡脖子、鸡翅等肉比较少的部位的鸡肉都撕下来，剁碎待用。其余大块鸡块用手撕。除此之外，鸡骨头也要细细剁碎，盛在碗里。

① 僜语称“砰”，一种根生植物，类似茅草的草，窄长的叶子，没有种子。
② 僜语称“卡嫩”。

（七）拌米饭

把米饭放在用竹子编织而成的圆形簸箕里，晾温打散，倒入剁碎的鸡肉和鸡骨头、切碎的野韭菜、小葱、姜、盐、花椒、香料等，撒上一些带鸡油的鸡汤，用一根搅棍反复搅拌均匀，使其充分混合。

图 76 搅拌手抓饭

（八）制作配菜

先将鸡油放在锅里熔炼，再加入鸡蛋和鸡爪谷面搅拌，做成长方形面饼，用芭蕉叶包裹结实后放在锅里蒸煮半小时，装盘备用；在腌制好的辣椒酱中加入水和调料，装碗备用；将野菜洗净切段备用。把芭蕉叶裁剪成比盘子稍大的圆形，放在盘子里备用。

（九）摆盘

用一只碗盛满搅拌好的米饭，并用搅棍仔细压实后，将其倒扣在放有芭蕉叶的盘子里，取掉碗后，米饭呈现出碗的形状。再盛一碗鸡汤，撒上葱末。把两个长方形面饼装在一个盘子里，把鸡腿肉和鸡胸脯肉装在一个盘子里。最后端到客人面前的手抓饭菜品包括手抓饭、鸡肉、鸡汤、特制辣椒酱、鸡爪谷饼、野菜。特制辣椒酱可以蘸肉吃，也可以根据个人喜好，放到手抓饭里搅拌后食用。

僜巴认为拌有鸡碎骨的手抓饭很有营养，但随着外来人口的增多，客人们吃不惯带有鸡骨头的手抓饭，僜巴就根据客人们的需要，逐渐舍弃了这种传统的做法，改为给客人们制作不带鸡碎骨的手抓饭，但自己家人吃饭时偶尔还做一顿带有鸡碎骨的传统手抓饭。

三、各民族共享的手抓饭文化

西藏和平解放后，僜巴当家作主成为社会主义大家庭中的一员，过上了幸福的生活。2000 年 7 月 13 日，国家民委经济发展司和财政部农业司发布《财政支持"兴边富民行动"试点实施方案》，国家民委于 2001 年印发《全国兴边富民行动规划纲要(2001—2010 年)》。随着国家兴边富民政策的深入实施，僜巴的生活水平迅速提升，饲养的土鸡数量也随之增多，僜巴特色手抓饭最终成为察隅县的美食文化名片，并产生了"没吃过手抓饭，就没到过察隅县"的宣传语。

我们调查后发现，在僜巴的各类非物质文化遗产项目中，手抓饭烹饪技艺传承得最好，而且呈现出自发性保护和传播特点。察隅县最早从事手抓饭生意的是下察隅镇沙琼村一位名叫阿洛松的僜巴，也是僜巴最后一名头人，曾是全国人大代表，后当过沙琼村村委主任。

僜巴有举办类似于夸富宴的传统，当一个家庭的财富积累到一定程度后，为了获得社会地位，就要宰杀牛、猪、鸡等家畜和家禽，宴请全村人吃饭，而且后来举办夸富宴的人所杀的家畜和家禽数量必须要超过先前举办夸富宴的人，这种习俗能够在很大程度上增强僜巴的内部凝聚力，但也很容易使僜巴家庭由富转贫。

图 77 僜巴家里的牛头装饰

阿洛松曾一次性宰杀了大量家畜和家禽,举办了一次夸富宴,这保证了僜巴群众的财富能够积累下来。阿洛松家里的墙上挂满了牛头,都是他宰杀后留下来的,僜巴认为动物头是财富的象征,挂得越多,表示这家人越富裕。由于阿洛松在僜巴中的社会地位很高,慕名而来的人很多,为了解决这些人的吃饭问题,阿洛松家就开了下察隅镇第一家对外营业的僜巴饭馆,无论是各级政府派出的工作组,还是到察隅县旅游的客人,都会到阿洛松家吃一顿手抓饭,由于人数众多,必须要提前预约才行,否则吃不上,阿洛松也因此赚了很多钱。

为了扶持僜巴新村的建档立卡户,2016 年政府部门出资在僜巴新村比较开阔的地段开了一家名为"僜家乐"的饭店,于 2017 年 9 月开张,正式对外营业,按照僜巴的传统房屋样式修建而成,由村里的 5 户建档立卡户共同经营,每户出一个人,自由搭配,按劳取酬,多劳多得。"僜家乐"饭店专门针对工作组和游客供应手抓饭,按照客人的人头收费,一人 150 元人民币。从开业以来,"僜家乐"每年的纯收入都保持在 3 万元—5 万元。客人还可以在"僜家乐"穿僜巴服饰拍照留念,所得收入由建档立卡户分配,只要是政府安排的工作组或客人，都会到“僜家乐”吃饭，这在一定程度上分流了阿洛松僜巴饭馆的人数，增加了僜巴新村建档立卡户的经济收入。毫不夸张地说，现在手抓饭已经成为了僜巴的一种特色产业。

表 6　“僜家乐”分红表①

工作人员	性别	分红比重
陈志文	男	20%
郭青龙	男	20%
牧卫阳	女	20%
巴金色	女	15%
张义阳	男	15%
村委会	挂空	10%

随着僜巴手抓饭的名气越来越大，吸引着越来越多的游客前来品尝，现在僜巴手抓饭烹饪技艺已经是林芝市市级非物质文化遗产代表性项目，并且影响到上察隅镇、下察隅镇的藏族和珞巴族群众，深受大家喜爱，察隅县其他民族也学会了制作手抓饭，常常用来招待客人，可以说，在美味的吸引下和外来游客的推动下，僜巴手抓饭已经不再是僜巴的专属美食，而是超越了民族界线，成为察隅县各族群众共享的地方特色美食。

考虑到僜巴没有自己的节日，为了发展旅游业，从 2015 年开始，上、下察隅镇在七一建党节这一天举办“七一僜巴文化美食节”，居住在沙琼村、嘎腰村、自更村、夏尼村、体育村、菊玉村、迟巴村、德美村的僜巴会主动参加。“七一僜巴文化美食节”主要内容是庆祝中国共产党的生日，吃僜巴手抓饭，唱歌跳舞。六七月份正好是旅游旺季，很多游客会慕名而来，非常热闹。

① 根据对 GQL(男，25 岁，僜巴新村村民)的访谈整理而成。

第五章　夏尔巴和僜巴非物质文化遗产保护面临的问题和对策

夏尔巴和僜巴作为西藏的未识别民族,分布在我国境内的人口数量不多,在与其他兄弟民族交往交流交融的过程中,夏尔巴和僜巴的文化被不断稀释,保护起来有一定难度。

第一节　夏尔巴和僜巴非物质文化遗产保护和传承的特点

夏尔巴和僜巴虽然都属于未识别民族,但是相距甚远,夏尔巴聚居地聂拉木县樟木镇、定结县陈塘镇,位于西藏自治区南部边境地区;僜巴聚居地察隅县下察隅镇位于西藏自治区东南部,距离1700多公里,虽然夏尔巴和僜巴的居住地不同,但在自然条件方面有很大的相似性:一是都处在北纬28度左右,海拔在2000米左右,樟木镇略高,为2300米;二是都为亚热带季风湿润气候,树木茂密,氧气充足,与西藏腹心地带高寒、干燥、缺氧的高原气候形成了鲜明对比。相似的自然环境也使这两个未识别民族拥有了共同的非物质文化遗产,呈现出不同于其他民族的特点。

一、采挖野生蜂蜜技艺

夏尔巴居住的地区气候湿润、山高林密,为野生蜜蜂提供了理想的生存空间。一个大的蜜蜂家族会在一处悬崖下构筑好几处如卡车车轮般大小的椭圆形蜂巢,一头粘连在岩石上,其余部分悬在空中,蔚为壮观。夏尔巴祖先在认识自然环境的过程中积累了丰富的采集野生蜂蜜的经验并传承至今，使其成为夏尔巴获得现金收入的一门绝技。

（一）夏尔巴采集蜂蜜的过程

1. 采蜜人的选择

采集野生蜂蜜是一件非常危险的工作，需要七八个人，甚至十多个人共同合作才能完成，而且对采蜜人的体格有着严格的要求。首先要足够年轻，只有二三十岁的年轻人才能胜任；其次是身体要精瘦有力；再次是要有足够的胆量，不能恐高，心理素质好，具有良好的方向感，能够处理刮风引起的绳索旋转等各种突发情况；最后就是要有良好的团结协作精神。

2. 采蜜前的准备工作

夏尔巴一年会采集三次野生蜂蜜，春季、夏季和秋季。采蜜的时候要约上关系好、有合作采蜜经验的七八个人，大家一起准备绳子、长刀、背篓、铁桶、铁锹、火种、面罩、防护服、铺盖、炊具等工具。

3. 采蜜

夏尔巴采集野生蜂蜜时要团队作业。大家要背着工具和炊具进入陈塘沟和嘎玛沟中，再步行 2—3 天到达固定的采蜜点，晚上会在采蜜点附近选择山洞或在山崖下睡觉，睡觉时会点上篝火防止野兽偷袭。

第二天一早采蜜人分为两组，一组攀登到蜂巢上面的山顶（以下简称“山上这一组”），一组下到蜂巢下面的地面（以下简称“山下这一组”），分配到山上这一组的人多，除了经验丰富的组织者外，更多的是身体健壮的青年人，分配到山下这一组则只有 2—3 人，多为年龄较大的中年人。山上这一组人会先在现场制作软梯，具体过程是就近在森林里砍下直径 10 厘米左右的小树，将其分解成 40 厘米—50 厘米长的木棍，用麻绳将这些木棍捆扎，制作成两个长长的软梯。制作完软梯后，把一头固定在坚固的大石头或高大的树木上，再把另一头下放到野蜂蜂巢的下方。与此同时，山下这一组则开始生火，用浓烟将蜂巢中的野蜂熏出来，使其远遁，防止野蜂伤害到采蜜人。

一切准备工作就绪后，山上这一组会挑选最为精瘦的两个人戴好面罩和护具，背着长刀，身上绑上麻绳，赤脚(夏尔巴认为赤脚能够更好地接触木棍，最为保险，而且根据经验，野蜂从来不蜇裸露在外的脚)，分别沿着两个软梯而下，队友会根据他们下降的速度缓慢地释放绑在他们身上的麻绳。两人中的一人需要把携带的大竹筐吊到蜂巢的最下端，准备接住即将割掉的蜂巢，另一人则需要带着长刀下到蜂巢的顶端切割蜂巢。切割蜂巢后，大量的蜂蜜会掉到大竹筐中，等大竹筐盛满蜂蜜后，采蜜人会摇动绳子，发出信号，山上的队友就会一直放绳，使大竹筐平稳降落到山下，山下的几名队友就会接住大竹筐，把大竹筐中的蜂蜜转移到铺有塑料布的背篓中，再向山顶上的队友发出信号，山顶上的队友会拉着空竹筐上升到悬在软梯上的队友那里，由他再次切割下蜂蜜，放入大竹筐中，如此往复。等采集到的蜂蜜斤数达到200多斤时，就会收拾工具，扔掉软梯上的木棍，收回绳子，休息一晚，第二天再返回村子，沿着软梯下去采蜜的两名队友不用背东西，这是队友们对他俩危险劳动的照顾。

采蜜人不会一次把所有的蜂蜜都采完，而是会留一些蜂蜜给蜜蜂吃，通常每采摘一个蜂巢可得野蜂蜜70—80斤。2018年陈塘镇采蜜人CR的团队采摘了4个野蜂巢，共获得了野蜂蜜300斤。

(二)夏尔巴野生蜂蜜的分配规则

采蜜团队回到村里后，会把蜂蜜背到此次采蜂行动的组织者家里，用漏斗过滤蜂蜜，并将其灌在塑料壶里，把蜂蜡、蜂蛹分别收集起来，每个队员家留10斤最好的蜂蜜供家人食用，其余蜂蜜、蜂蜡和蜂蛹都会卖掉。因为以前没有糖，夏尔巴就用蜂蜜代替糖，形成了如今煮着吃蜂蜜的习惯。

野生蜂蜜的分配方法有两种，一种是直接把蜂蜜、蜂蜡、蜂蛹分给队员，由大家各自出售；一种是将所有蜂蜜集中起来等待合适的买家，一次性卖出去后，再给队友们分配现金。无论是哪种分配方法，沿着软梯下去采蜜的人因为承担的风险最大，所以分得的蜂蜜或现金都要明显多于其他队友。现如今，采用第二种分配方式的采蜜人越来越多。因为这些野生蜂蜜质量很高，属于没有经过加热处理的“生蜂蜜”，富含蜂王浆，深受买家的喜爱，每个采蜜人每年能够获利4万元—5万元。

2018年8月，比塘村的村民SZ一次性从夏尔巴那里采购了3000斤蜂蜜，用平常装酥油的敞口塑料桶灌装后，以一斤150元的价格全部卖给了来自北京的两位商人。他每年都要给这两个商人供应3000—5000斤蜂蜜，已经持续了将近10年。

在调查的过程中采蜜人让我们品尝了他们采集的野生蜂蜜，和祖国内地商店里购买的成品蜂蜜相比，感觉特别香甜，却没有腻味之感，咽下去时喉咙里有一种灼热的感觉，一直延伸到胃部，根据采蜜人讲解，“这是因为野生蜜蜂采的花特别杂，一些花有毒，经过野生蜜蜂的处理后还会有一些残余，长期服用，能够提高免疫力，改善身体机能”。

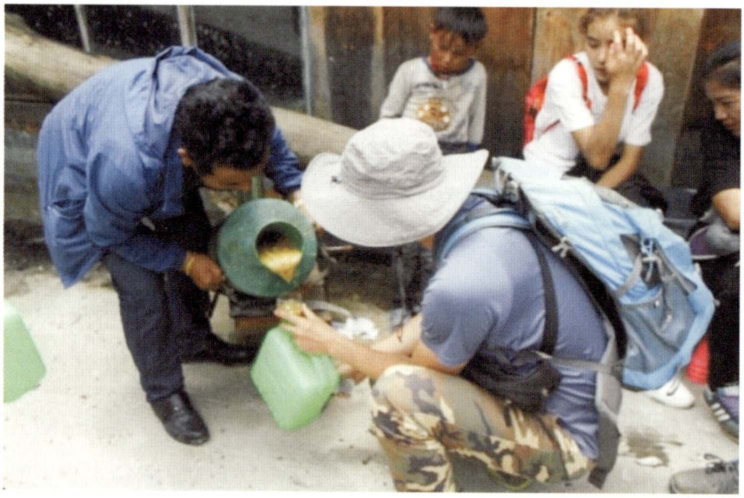

图78　出售野生蜂蜜的夏尔巴

（三）夏尔巴采挖野生蜂蜜的传承

采挖野生蜂蜜是夏尔巴充分认识大自然后总结出来的技艺，是人与自然和谐相处的体现，这是男性夏尔巴的专利，女性只能在家里做一些过滤蜂蜜的辅助工作。

经验丰富的夏尔巴中年男性在采蜜过程中扮演着重要角色，与其邀请的采蜜团队构成合作关系，而这种合作关系相对固定。由于陈塘沟和嘎玛沟里的野生蜜蜂巢穴很多，采蜜人手不够的话根本无法完成采挖任务，所以大家会互相帮助完成采蜜工作。本着先来后到的原则，采蜜人从距离村子较近的山沟逐步向深处延伸，并且严格遵守祖先流传下来的“一处蜂巢只采一次”的传统，如果发现一个蜂巢已经被别人采过，就绝对不会马上采第二次，否则蜜蜂会因为缺少食物而死亡，造成来年无蜜可采的后果。

夏尔巴的资深采蜜人会不断吸纳一些年轻男性加入，中年采蜜人会因为体力、疾病等原因逐渐退出一线，转而充当组织者和地面协助工作，用经验保证队友的安全，并在反复的采蜜实践过程中把这些宝贵的采蜜经验传授给年轻人，实现非物质文化遗产的代际传承。夏尔巴的这种采蜜行为蕴含着丰富的可持续发展理念，既满足了人类对蜂蜜的物质需求，又保证了蜜蜂种群的生息繁衍，并通过口传面授的方法传承了采集蜂蜜的一整套技艺，成为夏尔巴的地方性知识。我们在调研中了解到，因为采挖野生蜂蜜的危险性因素，每隔几年还是会有一些人因为采蜜而伤亡，主要原因是被蜜蜂蜇伤后从软梯上坠落，或者因为大风把软梯搅在了一起，造成采蜜人失去平衡后坠落。

近年来，一些夏尔巴也开始在家里饲养蜜蜂，并将其出售给游客，主要是一些年轻时具有采蜜经验，对蜜蜂习性非常了解的老年人在料理，每到六七月份，养蜂人便带着蜂巢出去放蜂，将其固定在山里比较陡峭的大石头上，防止野兽破坏。由于家养蜜蜂所产的蜂蜜看起来干净程度要高于野生蜂蜜，也受到游客的喜爱，有一定的市场。

（四）僜巴采挖野生蜂蜜技艺反映的社会规则

由于僜巴分布的察隅县和夏尔巴居住的陈塘沟都属于海拔很低的亚热带气候区，自然风貌具有很大的相似性，所以也流传着采集蜂蜜的技艺。在采集过程上和夏尔巴相似，没有太大的差异，但在相关的社会规则方面却与夏尔巴大相径庭。最主要的当属“野蜂蜂巢有主”的私有化观念，与陈塘镇的夏尔巴本着先来后到原则采挖野生蜂蜜的规矩不同，僜巴本着“谁先发现就归谁所有”的原则，察隅县的野生蜂巢都是有主人的，而且能留给自己的子孙，形成野生蜂巢的“世袭制”，整个僜巴社会对“谁先发现就归谁所有”原则给予认可并严格遵守这个规则，到目前为止，还没有人挑战过这一规则。

图 79　僜巴野生蜂蜜

由于野生蜜蜂每年都会繁衍，有意采集野生蜂蜜的僜巴男性也能找到属于自己的蜂巢，只是需要到更深的山沟里寻找。僜巴男性找到中意的蜂巢后就会在蜂巢的上方和下方都打上自己的标记，告诉其他人这处蜂巢已经有主。由于僜巴人数不多，是典型的熟人社会，大家都比较熟悉，所以不会出现抢夺蜂巢的现象。如果当年主人家没有合适的采蜜人，为了避免资源的浪费，也会允许其他人去采，但要得到主人家的允许，并给主人家一定的蜂蜜作为报酬。

图 80　过滤野生蜂蜜的僜巴女性

（五）僜巴采挖野生蜂蜜技艺的新变化

1. 女性采蜜人的崛起

近年来，僜巴中还涌现出了一些女性采蜜人，这是陈塘镇夏尔巴采蜜人中所没有的新现象。出现这种现象的原因和察隅县各民族交往交流交融的良好社会氛围，以及国家通用语言文字的流行密切相关。20 世纪 50 年代中国人民解放军到达察隅县时，僜巴多住在深山密林中，生存状况并不好，解放军战士帮助僜巴提高农业生产技能，改善其生活条件，缩小了僜巴与藏族的发展差距。从此，僜巴和解放军战士结下了深厚的友谊，并主动学习汉语和汉族文化，时间一长，僜巴都能够说一口流利的普通话，由于僜巴没有自己的节日，就自然而然地跟着解放军战士过起了春节、中秋节等节日，学会了汉族人的习俗，在文化上认同中华文化。祖国内地男女平等的观念也对僜巴产生了积极的影响，在“女人能顶半边天”思想的影响下，僜巴女性逐渐走上前台，从最初的只承担过滤蜂蜜的工作发展到上山采挖蜂蜜，其中又以身强力壮的年轻女性为主力，形成了一支娘子军，而且，这些女性还能通过拍摄视频或现场直播的方式来扩大僜巴女性采挖野生蜂蜜的影响力。

2. 网络销售的流行

因为僜巴居住的下察隅镇四通八达，交通条件要好于夏尔巴居住的陈塘沟，为通过电商平台销售野生蜂蜜提供了便利条件。近些年来，僜巴年轻人也开始在驻村工作队的帮助下，尝试通过抖音、快手、淘宝等电商平台销售野生蜂蜜，并取得了很好的效果，涌现出了像“西藏僜巴阿普”“西藏察隅县拉姆”这样的优秀电商，并逐渐从单纯的只销售蜂蜜发展成为销售察隅县各种特产的电商平台。

二、夏尔巴和僜巴非物质文化遗产的特点

中尼两国自建交以来一直保持着良好的关系，这为地处中尼两国边境的夏尔巴提供了自由往来的条件，人员往来和物资流通又促进了持续的文化交流，为非物质文化遗产的跨境传播奠定了基础。

尼泊尔夏尔巴的往来能为我国夏尔巴的一些非物质文化遗产提供必要的材料，例如银币、竹子、白海螺，无形中发挥了促进我国夏尔巴非物质文化遗产传承的重要作用。同时，由于尼泊尔夏尔巴的文化生活非常匮乏，会经常跨越国界前来陈塘镇，欣赏我国境内夏尔巴的非物质文化遗产展演活动，满足其精神文化需求。我国夏尔巴对此都会持开放姿态，热情地招待尼泊尔夏尔巴，自然而然获得了强烈的文化自豪感。从这个意义上来说，夏尔巴非物质文化遗产保护就具有跨国文化共享和铸牢中华民族共同体意识的特点。

我国的僜巴人口基数小，传承动力有限，为了遏制其不断衰微的势头，党中央对僜巴非物质文化遗产进行扶持，抓住僜巴非物质文化遗产属于生存型非物质文化遗产、与人的基本生存密切相关的特点，开创出一种借助外力推动非物质文化遗产进行适应性变化的发展模式。

图 81　僜巴用毛线制成的艳丽布匹

在汉族商人的推动下，僜巴逐渐舍弃了自己纺织麻布制作衣服的习惯，转而使用从祖国内地运送来的五颜六色的毛线制作衣服，既满足了御寒保暖的基本需求，也使僜巴服饰显得五彩斑斓、更加美观，焕发出了新的生命力，并得到整个僜巴群体的认可，僜巴女装还受到藏族女性的青睐，产生了很好的经济效益；僜巴手抓饭最早是僜巴创造和独享的特色美食，在政府部门因势利导的推动下，逐渐超越了民族界限，被藏族、珞巴族、汉族等民族学习、制作和食用，成为察隅县的旅游文化名片；僜刀因为其实用性，经过政府部门的宣传，将其打造为僜巴民族的象征，备受藏族、珞巴族等兄弟民族喜爱，拥有很大的市场，促进了僜刀制作技艺的发展；政府部门在野生蜂蜜的加工和销售方面也给予了僜巴很大帮助。

只有僜巴银饰制作技艺因为需求量小，投入大，传承程度不太理想。僜巴非物质文化遗产满足的是人的基本需求，政府部门利用僜巴非物质文化遗产具有一定普适性的特点，经过推广，使其被其他民族接受，无形中扩大了传承僜巴非物质文化遗产的人口基数，保证了其能够通过跨越民族和地域的方式进行传承。

第二节　夏尔巴和僜巴非物质文化遗产保护面临的问题

非物质文化遗产作为民众日常生活的一部分，具有地域乡土文化的特点。在全球化的大环境下，工业化和城市化严重威胁着非物质文化遗产的生存环境，虽然西藏的工业化和城市化进程比较缓慢，“十三五”初期，西藏城镇化率仅27%，到2020年提高至32%。[①] 到2021年末，全区常住人口城镇化率为36.6%，比2012年末提高13.7个百分点。[②] 对非物质文化遗产传承的影响尚不明显。但随着西藏现代化进程的快速发展，适合非物质文化遗产生存的土壤也很有可能会面临一定的危机。在夏尔巴和僜巴非物质文化遗产的保护过程中，西藏各级文化部门付出了很多努力，其中艰辛难为外人所知。但是客观地说，就目前西藏非物质文化遗产保护的现状，还存在一些问题，需要引起社会各界的重视。

一、非物质文化遗产保护资金存在很大缺口

夏尔巴和僜巴非物质文化遗产具有很强的地域性，由于藏族是西藏的主体民族，共同的文化根基决定了西藏非物质文化遗产在青藏高原具有很强的普适性；同时，由于青藏高原内部的地理差异，加上夏尔巴和僜巴的客观存在，处于不同地理单元内的非物质文化遗产又各不相同，这决定了夏尔巴和僜巴

① 新华社. 这五年，西藏城镇化率提高至32%[EB/OL]. 中华人民共和国中央人民政府网站，https://www.gov.cn/xinwen/2021-02/03/content_5584693.html，2023-4-10.

② 西藏自治区网络安全和信息化委员会办公室.“数”看西藏这十年，经济发展谱新篇！[EB/OL]. 西藏卫视，https://baijiahao.baidu.com/s?id=1746379716742221630&wfr=spider&for=pc，2023-3-25.

非物质文化遗产具有特殊性的特征。这使西藏非物质文化遗产呈现出种类繁多、分布广泛的特点，也决定了在西藏120多万平方公里的土地上进行非物质文化遗产保护的工作难度。从已经掌握的情况来看，由于西藏特殊的地理环境，在西藏进行非物质文化遗产调查工作成本较高，我们常年在西藏开展非物质文化遗产的调查研究工作，2021年1月—2月还在僜巴聚居的察隅县开展调研工作，8名师生在16天时间中花费14万元人民币。[①]

现在，国家级非物质文化遗产项目的申报工作已经要求进行数字化采集和申报，因此，视频采集和制作工作要从头做起，无形中增加了经费和人力的双重负担。这些非物质文化遗产一旦确立为保护项目，就要进行后续保护，改善非物质文化遗产传承人的生活状况，保证这些非物质文化遗产项目的传承，这些工作更是需要大量经费。西藏作为我国的经济欠发达地区，自身财力有限，新中国成立以来一直依靠中央财政转移支付才能维持行政运转。根据我们的了解，从国家开始实施非物质文化遗产保护工作以来，资金短缺就与非物质文化遗产保护如影随形，很难覆盖到夏尔巴和僜巴这些未识别民族。

2008年开始，党中央就给非物质文化遗产传承人拨付生活补贴，当时的标准是国家级非物质文化遗产代表性传承人每人每年8000元，省级非物质文化遗产代表性传承人每人每年5000元；2011年起，国家级非物质文化遗产代表性传承人的补贴标准增加到了每人每年10000元；2016年又增加到每人每年20000元。我们在调查时发现，西藏的国家级非物质文化遗产代表性传承人每人每年只有5000元，省级非物质文化遗产代表性传承人每人每年只有3000元，地区级非物质文化遗产代表性传承人每年有不定期的补贴，与国家标准相比，中间存在很大的资金缺口。由于我国现行的非物质文化遗产保护是政府行为，这些资金所需仅仅依靠西藏地方财政是无法解决的。

---

① 根据对KZ（男，48岁，西藏自治区文化厅非物质文化遗产处工作人员）的访谈整理而成。

二、专业机构和专业人员短缺，缺乏必要的业务培训，影响了非物质文化遗产保护的进度和水平

多年以来，西藏非物质文化遗产保护工作主要由各地的文化系统承担，这些工作人员熟悉本地区情况，在调查和保护工作中发挥了巨大作用。但是，由于条件的限制，夏尔巴和僜巴所在县区的现有人员在技术和业务上都不能满足快速发展的非物质文化遗产保护工作的需要。虽然这些非物质文化遗产项目在申报时因其独特性占有一定优势，但是申报材料的质量却不能让人满意，缺少非物质文化遗产专门人才是造成这种情况的直接原因。另外，夏尔巴和僜巴所在县区从事非物质文化遗产保护工作的人员接受相关业务培训的机会少，这一情况极大地限制了西藏非物质文化遗产保护的工作进度。如果不尽快改变这一情况，对今后开展非物质文化遗产保护工作将产生极为不利的影响。

三、夏尔巴、僜巴非物质文化遗产代表性传承人评选中存在的不公平现象

我们在调查中发现有一些夏尔巴和僜巴非物质文化遗产代表性传承人并不从事甚至根本不了解所申报非物质文化遗产项目的传承工作，但是却利用“权力和社会地位”占用了各级非物质文化遗产代表性传承人的称号。而真正从事非物质文化遗产传承工作的民众却不能享受相应的待遇，打击了夏尔巴、僜巴民众传承非物质文化遗产的信心。

第三节　促进夏尔巴、僜巴非物质文化遗产传承的可行性路径

我国非物质文化遗产保护工作一直秉承“保护为主、抢救第一、合理利用、传承发展”的指导方针，确立了非物质文化遗产的三种保护方式，即“抢

救性保护”“整体性保护”和“生产性保护”。对以后非物质文化遗产的保护工作,指明了前进的方向。我国运用抢救性方式保护非物质文化遗产的实践,已取得成效。夏尔巴和僜巴作为我国未识别民族,保护、传承其民族的非物质文化遗产,更是意义重大。

一、发挥援藏省市的作用,借鉴林芝“尼洋阁”的成功模式

2021 年 7 月,习近平总书记在西藏考察期间指出:“中央支持西藏、全国支援西藏,是党中央的一贯政策,必须长期坚持,认真总结经验,开创援藏工作新局面。”[①]在对口援藏过程中,福建省实践并总结出了文化援藏模式,在林芝市取得了巨大成功。

“尼洋阁”是 2004 年 7 月由福建省第四批援藏工作队投入 1040 万元专项援藏资金援建的重点项目,该项目由福建省建筑设计院设计,2006 年 9 月在巴吉村娘乳岗建成。“尼洋阁”融合了汉藏建筑艺术风格,成为林芝地区八一镇的地标性建筑。

2007 年 7 月,福建省第五批援藏工作队进藏,按照第四批援藏工作队原定将尼洋阁内部作为西藏民俗博物馆的计划,经过充分调研和多方研讨,工作队决定打造出一座藏东南非物质文化遗产博物馆,整合了各方面的社会资源,形成了“援藏队+林芝政府+事业单位+高校+民间人士”的联动机制,从 2008 年 5 月开始,直至 2010 年 4 月建成。

2011 年,由于西藏自治区文物局的介入,这座非物质文化遗产博物馆被命名为“藏东南文化遗产博物馆”。在“尼洋阁”模式的带动下,林芝各地在福建省第五批援藏工作队的帮助下掀起了抢救和保护非物质文化遗产的高潮。才召村援建了一座生态文化展览室,并出版《大山民族——珞巴族社会文化今昔》一书;珞巴民族服饰和工布服饰制作技艺列入第二批国家级非物质文化遗产名录;出版《工布民歌集》,使没有词曲、口口传唱、濒临失传的工

① 心手相牵,共筑雪域高原中国梦——以习近平同志为核心的党中央关心西藏发展纪实[N]. 人民日报,2021-8-19(1).

布民歌民谣以书面形式保存了下来；墨脱县德兴乡已经建成了一座非物质文化遗产展室，墨脱县政府也正在按照“尼洋阁”模式将兴建的莲花阁建筑建设成展示墨脱门巴族、珞巴族非物质文化遗产的博物馆。可以说，“尼洋阁”模式给援藏人员提供了重要启发。

客观地说，虽然林芝地区的文化底蕴比起西藏其他地区相对不足，但是西藏非物质文化遗产保护最成功的地区就是林芝地区，可以说“尼洋阁”模式产生了非常明显的标杆效应，并将其辐射到整个林芝地区。尼洋阁藏东南非物质文化遗产博物馆的成功运营使其成为西藏首个运用博物馆形式保护非物质文化遗产的典范。

2009 年 7 月，福建省第五批援藏工作队获得文化部授予的“全国非物质文化遗产保护工作先进集体”称号，这是全国获得这项荣誉的唯一一家非文化单位。[①] 我们可以借鉴林芝“尼洋阁”的成功模式，采用“请进来”“送出去”的方式对夏尔巴和僜巴所在县区的非物质文化遗产工作人员进行专门培训，提高这些工作人员的业务水平，为夏尔巴和僜巴非物质文化遗产保护提供资金、人力、物力和智力的全方位支持。

对于夏尔巴和僜巴来说，这种模式能在一定程度上让非物质文化遗产的保护取得实效。

二、西藏自治区非物质文化遗产相关法律法规的实施

2011 年《中华人民共和国非物质文化遗产法》颁布实施后，西藏自治区立即启动相关地方性法规的制定工作，经过不断努力，2014 年 6 月 1 日《西藏自治区实施〈中华人民共和国非物质文化遗产法〉办法》（以下简称《办法》）正式实施，为西藏非物质文化遗产的保护、传承、传播和发展提供了法律支撑。

《办法》第一章第六条提出“自治区扶持人口较少民族、边境地区的非物

① 马宁，等. 西藏非物质文化遗产保护的“尼洋阁”模式之反思[J]. 西藏大学学报，2013(4)：118.

质文化遗产保护、保存工作。”以往西藏对边境地区的非物质文化遗产保护是置于全区保护工作中同步推进，而非专项保护。《办法》首次将人口较少民族、边境地区非物质文化遗产保护和保存单列出来，使西藏加大对人口较少民族、边境地区非物质文化遗产保护的人力、物力和财力投入方面有法可依。这为居住在边境地区的夏尔巴和僜巴非物质文化遗产保护工作提供了法律上的支持，有利于非物质文化遗产保护工作的开展。

《办法》第一章第十一条“自治区鼓励公民、法人和其他组织依法捐赠非物质文化遗产保护资金，以用于非物质文化遗产保护、保存工作。”对募集社会资金用于非物质文化遗产保护作出了明确说明。长期以来，西藏非物质文化遗产保护的资金来源单纯依靠政府投入，即使有社会资金想进行非物质文化遗产保护，也没有单位敢接受、敢使用。《办法》出台后，能够调动相关部门的积极性，探索各种资金使用方法，消除了相关部门吸纳社会资金的后顾之忧，可以在一定程度上改变非物质文化遗产保护资金不足的情况。

《办法》第四章第二十九条、三十条、三十一条、三十二条首次对代表性传承人和保护单位提出了要求，并提出了明确的职责要求，这打破了以往非物质文化遗产代表性传承人、保护单位的终身制，改变了一旦进入便不再退出，只有享受的权利，而无付出的义务的不合理情况。

《办法》第五章第四十五条至四十八条对违法违规行为提出了具有操作性的详细整治措施，有助于西藏非物质文化遗产的保护和顺利传承。我们认为，只要加强《办法》的执行力度，打击各种违法违规行为，就能为夏尔巴和僜巴非物质文化遗产保护工作提供风清气正的社会环境，确保其能正常传承下去。

（一）建立动态化管理制度

由于人力、物力和财力有限，西藏各级文化部门对非物质文化遗产代表性传承人的考核管理存在缺位问题，非物质文化遗产代表性传承人一经认定便成为事实上的终身制传承人，各级文化部门并没有对非物质文化遗产代表性传承人进行过年度考核。此外,西藏未能建立非物质文化遗产代表性传承人能上能下的退出机制,完全采用放任自流的“放养”式管理模式,使部分传承人各行其是,没有动力履行传承人的职责。

对于上述问题应该按照《西藏自治区非物质文化遗产项目代表性传承人认定与管理办法》第四章的规定对西藏非物质文化遗产代表性传承人进行动态化管理,由各市县文化部门与非物质文化遗产代表性传承人签订责任书,明确传承人的责任和权利,逐步形成年度考核机制。每两年对非物质文化遗产代表性传承人开展一次集中考核,对表现突出的传承人给予适当的物质奖励,取消放任自流的非物质文化遗产代表性传承人的资格,充分调动非物质文化遗产代表性传承人的主动性。

(二)加大审查力度并扶持年轻人开展非物质文化遗产传承工作

西藏各级文化部门应该加大对非物质文化遗产代表性传承人的巡查力度,要打破非物质文化遗产代表性传承人的“终身制”,建立能进能出的灵活替换机制,创造条件扶持虽未进入非物质文化遗产各级代表性名录、还未成为各级非物质文化遗产代表性传承人,但一直在从事非物质文化遗产传承的年轻人,在适当的时候将其列入非物质文化遗产名录体系,使其获得非物质文化遗产代表性传承人的称号。

(三)确立文化部门的管理权

建立与其他部门联合办公机制,改变文化部门无权无钱的尴尬局面,确立对非物质文化遗产代表性传承人的管理权,使《西藏自治区非物质文化遗产项目代表性传承人认定与管理办法》发挥作用,达到令行禁止的效果。为减轻文化部门的工作量,可以与高等学校合作,吸引区内外专家学者参加非物质文化遗产代表性传承人的认定工作,充分发挥其作为第三方的中立作用,帮助文化部门出谋划策,总结夏尔巴和僜巴非物质文化遗产代表性传承人认定和管理工作的有效经验,成为联系文化部门和非物质文化遗产代表性传承人的纽带。

三、普及推广国家通用语言文字

根据我们的调查，虽然夏尔巴和僜巴都居住在边境地区，但在国家通用语言文字水平上却表现出明显的不均衡状态，陈塘镇夏尔巴，由于交通闭塞的原因，国家通用语言文字水平较差，相比之下，僜巴的国家通用语言文字水平较高。这是因为他们长期和人民解放军共同生活、与汉族商人日常往来、和汉族群众通婚。此外，学校教育使僜巴中的年轻一代能够从小接受国家通用语言文字，并形成在日常生活中使用国家通用语言文字的习惯。驻村工作队也在召开会议、传达文件精神和日常往来的过程中，提高了僜巴村两委班子的国家通用文字书写能力。与僜巴相比，聂拉木县樟木镇的夏尔巴一直从事对外贸易，使用英语、尼泊尔语的频率要高于使用普通话，造成普通话水平不高。

2000 年 10 月，《中华人民共和国国家通用语言文字法》颁布后，直到 2002 年 5 月 22 日西藏自治区第七届人民代表大会第五次会议通过了《关于修改〈西藏自治区学习、使用和发展藏语文的若干规定（试行）〉的决定》，大量增加了使用国家通用语言文字的内容。

2020 年 1 月 11 日西藏自治区第十一届人民代表大会第三次会议通过的《西藏自治区民族团结进步模范区创建条例》第十二条规定："各级人民政府应当全面加强国家通用语言文字教育，推进双语教育事业不断发展，鼓励各民族相互学习语言文字。"近年来，西藏开始大力推广普及国家通用语言文字，这为非物质文化遗产的保护和传承提供了很好的社会条件，可以消除夏尔巴与游客的语言沟通障碍，扩大非物质文化遗产的社会影响力，增强夏尔巴文化的吸引力，与其居住地良好的自然环境形成互补优势，促进边境地区经济、文化全面发展。

四、发展旅游业，走文旅融合的发展道路

如前所述，自从受"4·25"大地震影响，聂拉木县樟木镇民众全部搬迁至日喀则市桑珠孜区后，定结县陈塘镇就成为夏尔巴的最大聚居地。陈塘

镇所在的陈塘沟又是西藏著名的“五条沟”①之一，和僜巴聚居的下察隅镇一样，都具有海拔低、植被多、氧气足、自然风光优美等特点，与西藏腹地高寒干燥的自然环境大相径庭，是备受西藏民众追捧的旅游休闲目的地，但苦于交通条件较差，有能力到这些地方旅游的人不多。

随着西藏实施边境小康示范村建设和边防公路建设力度的持续加强，夏尔巴和僜巴聚居地的人居环境和交通条件都得到了极大地改善，吃、住、行、娱乐、购物元素齐备，为旅游业的发展提供了保障。

旅游纪念品的核心价值或者说作为商品的特殊性，在于它以一定的物质形态彰显和保持着旅游地不同于其他地方的文化差异性，旅游纪念品作为这种差异性的物质表现形式，可以帮助旅游者直观而深入地认识、了解当地的风土人情，并在以后的日子里不断唤起旅游者对旅游地的审美记忆，同时也通过流通和传播，产生宣传地域文化形象、激发观光兴趣，吸引游客的作用。② 夏尔巴和僜巴所在地区在发展旅游业的过程中缺少旅游纪念品，而手工技艺类非物质文化产品的创新性发展弥补了这方面的不足，面对不同于本民族民众的消费群体，非物质文化遗产传承人在非物质文化遗产产品实用性功能的基础上增添了美观性，使其更加精巧，发挥了原料纯天然、低投入、低能耗、无污染、灵活、易行，不受地点限制的优势，满足了游客对旅游纪念品的求异心理。

习近平总书记指出：“中华优秀传统文化有很多重要元素，共同塑造出中华文明的突出特性。”③我们认为，夏尔巴和僜巴非物质文化遗产都属于中华优秀传统文化，为中华文明的发展作出过贡献，理应进行保护。特别是利用僜巴能够熟练使用普通话这一优势，扩大僜巴非物质文化遗产的影响力，

---

① 勒布沟、吉隆沟、陈塘沟、嘎玛沟、亚东沟。

② 吕品田. 手工与藏文化生态保护——西藏旅游纪念品开发策略刍议[J]. 美术观察，2011(5)：9.

③ 习近平在文化传承发展座谈会上强调担负起新的文化使命努力建设中华民族现代文明[N]. 人民日报，2023-6-3(1).

并将成功经验复制到夏尔巴所在地区，形成“边疆人民心向党”的良好社会氛围，促进各民族交往交流交融，切实增强边境地区民族群众铸牢中华民族共同体意识，构筑中华民族共有精神家园。

附录 1

夏尔巴研究综述

武保林　聂金甜

夏尔巴(Sherpa)是散居在中国、尼泊尔、印度和不丹等国边境——喜马拉雅山脉两侧的跨境民族,其主体部分居住在尼泊尔境内,约 4 万人。中国西藏境内约 4600 人,他们主要居住在聂拉木县樟木镇、定结县陈塘镇等地。夏尔巴是我国未识别民族之一,有本民族的语言夏尔巴语,无本民族文字,通用藏文。由于政治、历史、地理等因素,夏尔巴在新中国成立前与外界接触甚少,社会发育较低。直到建国后,夏尔巴才被外界所了解。

一、夏尔巴研究情况

在 20 世纪 50、60 年代的新中国民族大调查之后,越来越多的学者开始关注夏尔巴的传统文化及其社会发展历程。但学术界对夏尔巴正式展开研究始于 20 世纪 70 年代。经过 40 余年的研究,目前成果相对较少,尚未出现有影响力的著作。鉴于此,笔者拟对这一问题进行深入讨论,以期引起学界重视。

(一)关于族源的讨论

在众多研究夏尔巴的专题性著作中,关于夏尔巴族源的研究成果最多,最早的是夏尔巴学者桑结旬增的《夏尔巴喇嘛桑结旬增传》《夏尔巴佛教史》《夏尔巴先祖世系》[1],这些书籍记载了夏尔巴是以“康地塞莫岗木雅巴(人)”为核心的若干支“康巴(人)”(指今西藏自治区昌都市及四川省甘孜藏族自治州地区)部族组成的迁徙集团的后裔,康地塞莫岗指今金沙江和雅砻江中间地带,即今四川省甘孜藏族自治州的白玉、德格、邓柯、石渠等地。这一说法学术界都未曾质疑。目前,所有关于夏尔巴族源问题的讨论都以此为基础。目前学术界讨论的焦点是木雅巴属于哪一支族群，主要存在3类观点：第一类认为属于藏族，喇嘛身份的夏尔巴学者桑结甸增认为木雅巴是西藏6人种之一“董族”的亲属“格尔王”的后代，黄颢据此认为塞莫岗木雅巴属于藏族[2]，他的观点得到了藏语学界[3]的支持，因为藏语学界认为夏尔巴话是藏语的一支。第二类观点认为夏尔巴是党项羌的一支。陈乃文[4]指出夏尔巴仅仅表示地理方位，弭药巴（木雅巴）才表示族群之来源，根据《旧唐书》《后汉书·西羌传》《新唐书·吐蕃传》等汉文书籍及《红史》《安多政教史》《贤者喜宴》等藏文书籍记载认为弭药巴（木雅巴）号称猕猴种，本出于西羌，与藏族同源，自唐代以来被看作党项羌的一支。他们于宋朝末期陆续西迁后藏，此后越过喜马拉雅山口，进入尼泊尔的索卢、昆布等地，形成今日的夏尔巴。第三类观点认为夏尔巴是西夏的后裔。最早提出这一观点的是切排，他根据藏文史料、汉文史料、尼泊尔境内夏尔巴的经书，夏尔巴的民间传说，夏尔巴与宁夏回族自治区、甘肃省境内羌族的宗教信仰、婚姻习惯相同等资料，推断出夏尔巴的祖先是我国康区的土著人（党项木雅人）的后裔，与藏族先民——冬氏出自一源[5]。持这一观点的还有唐荣尧[6]和著名西夏学者李范文[7]。以上3类观点虽有文献作支撑，但缺乏文物资料如碑铭等的佐证，学术界就夏尔巴族源问题仍未达成一致。

（二）氏族及其功能研究

氏族是原始社会中为了生存，以血缘关系结合的人类社会群体，其成员一般有共同的祖先[8]。夏尔巴社会发展程度低，现今仍存在氏族现象并在夏尔巴的生活中发挥着巨大影响。关于夏尔巴氏族及其功能研究最早的成果是英国人类学家克·冯·菲雷尔——海门道夫的《尼泊尔夏尔巴人的氏族及其功能》[9]，他通过调查，发现所有夏尔巴氏族的祖先，差不多在同一时期到达尼泊尔地区，直到现在主要氏族的数目仍保持不变。这些氏族的地位一样，夏尔巴氏族的基本特性是承担氏族外婚的基本集团的作用。国内关于夏尔巴的氏族及其功能研究最早的是桑吉东智的《陈塘夏尔巴人的氏族及其功能》[10],他通过对陈塘 4 个村庄长达半年的田野调查,认为氏族成员的范围并不以居住的地方为界线,而是交叉分布于 4 个村庄的每个家庭;陈塘夏尔巴氏族最大的功能就是被当地人常常挂在嘴边的关于婚姻习俗中同一氏族成员之间不能通婚的规则。王思亓的《夏尔巴人"骨系"认同下的亲属网络与社会组织》[11]根据对中尼边境樟木镇田野调查资料的分析,论述了夏尔巴的骨系观念、骨系认同下规定的婚姻与亲属关系,以及通过象征仪式形成的多层次亲属网络与社会组织。研究表明,骨系认同是夏尔巴社会人群结合的重要纽带,所建构的亲属网络与社会组织适应了中尼边境复杂的自然与社会环境,同时在全球化趋势下这一社会结构更表现为族群认同与地域认同。

(三)民俗文化方面的研究

民俗,即民间风俗,指一个国家或民族中广大民众所创造、享用和传承的生活文化[12]。刘洪记是学界最早专门对夏尔巴的民俗展开研究的学者,他在《夏尔巴习俗述略》[13]一文中从衣食住行、婚丧习俗、节日等方面对夏尔巴的民俗进行了详细介绍,指出各居住区域夏尔巴在习俗上的差异,认为这些差异主要表现在形式上,其内容和内涵相同,并得出夏尔巴的习俗虽多数在形式上与藏族习俗有差异,但其基本内涵与藏族的习俗相同的结论。陈立明等的《西藏民俗文化》[14]在夏尔巴民俗研究方面占有重要的地位,是了解夏尔巴文化的重要参考资料。该书详细介绍了夏尔巴的饮食文化、服饰文化、居住文化、婚俗文化、生育习俗、葬俗文化、信仰习俗、节日文化和游艺习俗,是夏尔巴民俗文化研究中最为全面的一本书,通俗易懂。另外,针对夏尔巴民俗文化进行整体性研究的著作还有刘志群的《夏尔巴人生活习俗及其婚俗》[15]及邹启才的《夏尔巴人风俗简介》[16]。

步入 21 世纪,夏尔巴婚姻习俗方面的研究逐渐增多。刘玉皑的《传统沿袭与现代变迁:樟木镇夏尔巴人的婚俗调查》[17]在调查分析夏尔巴的通婚形式(本地族内婚、跨境族内婚及族际通婚)、婚礼形式(提亲、订婚、婚礼、分家及离婚)的基础上,得出了夏尔巴在坚守传统文化、沿袭传统习惯的同时,婚姻习惯也伴随时代和社会的发展而变化的结论。王思亓的《跨界婚姻与“困境”的消解——基于中尼边境夏尔巴人的调查》[18]认为跨界婚姻存在的主要问题是没有依法登记结婚,形成了事实婚姻与我国相关法律法规之间的矛盾,并针对困境提出了解决措施:调整现行的政策;与邻国友好协商。另外,樊前锋的《最后的西夏皇裔中尼边境上的夏尔巴人》[19]、侯朝阳的《中尼边陲的夏尔巴部落》[20]及郎杰的《神秘的中国夏尔巴人》[21]对夏尔巴的婚俗介绍都有所涉及,在此不再详述。

还有一些学者从戏剧和游艺方面进行夏尔巴民俗文化研究,桑吉东智的《戏剧表演与村落秩序:陈塘夏尔巴人的“嘛呢”表演及其意义》[22]详细介绍了“嘛呢”表演内容和过程,认为“嘛呢”表演具有如下意义:它是西藏传统戏剧在藏边喜马拉雅山南麓社区的传承模式,呈现了喜马拉雅山区的艺术特色,保留了更多藏戏早期的特点,对传统藏戏的研究给予了有价值的启发;它是当地夏尔巴社区的社区分层、社区凝聚力、社区信仰等诸多相关社区秩序的事项和规则的展演场。马少龙的《西藏喜马拉雅山东南麓禁猎后的弓箭使用方式——以陈塘夏尔巴人为例》对狩猎之前的弓箭使用情况、夏尔巴新年上的射箭活动及宗教活动中的弓箭使用情况进行了详细介绍。

夏尔巴的一些民俗文化在历史的发展进程中不断变化、弱化甚至消失,笔者在整理资料时,发现相关文献资料较少,且一些研究成果重叠,有价值的内容不多。因此,在这方面学界急需最新田野调查资料的补充。

(四)民间音乐及舞蹈艺术研究

夏尔巴能歌善舞,生活中,不论是劳动、休息,还是逢年过节或婚丧嫁娶,甚至搬新家时,都要唱歌跳舞。这在很早就引起了学界的关注并进行了研究。关大平与关序合是最早研究夏尔巴音乐的学者,他们的《夏尔巴民间音乐》[23]在搜集和采访夏尔巴民间音乐的基础上,对其进行了分类(酒歌、风俗性歌曲),并对乐器进行了简单介绍。随后,夏尔巴音乐研究进入蛰伏期。直到21世纪,夏尔巴民间音乐研究重新引起学界的关注。著名的研究者为格曲,他的《夏尔巴器乐曲》[24]把夏尔巴民间音乐中的器乐曲分为3类:鲁姆曲、口琴曲、扎念琴曲,并依次进行介绍。格曲与央金卓嘎的《夏尔巴人的音乐文化与艺术特点》[25]把夏尔巴的音乐分为民歌、器乐、歌舞音乐。民歌又分为柴鲁、勒鲁(劳动歌)、羌赛鲁(婚礼歌)、夏尔巴鲁(夏尔巴小曲)、卓鲁(牧歌)、觉鲁(悲歌);器乐分为吹奏乐、弹拨乐、打击乐;歌舞音乐分为霞布卓鲁(歌舞)、羌姆丫。由此可见,作者划分夏尔巴音乐的细致程度。另外他在调查樟木镇立新、雪布岗等夏尔巴音乐的基础上,得出夏尔巴音乐的主要特点表现在旋律音调方面,该音乐的调式是七声音阶系统还有少部分的六声调式,基本上无五声调式。2010年以后,研究成果较为显著的是莫佳,她在格曲的研究基础上,对夏尔巴民间音乐特点进行深入挖掘,并在《西藏艺术研究》上发表《简述陈塘镇夏尔巴民间音乐》[26]和《樟木夏尔巴人民间音乐浅析》[27],认为夏尔巴民间音乐特点如下:旋律进行多以级进上行或级进下行为主,六度以上的跨度较少;特征音主要以四级音、七级音为主;曲体结构以一段体、二段体、三段体为主,一段体用于民歌中,二段体、三段体甚至多段体多用于器乐曲和歌舞乐中;节拍、节奏多为规整型;音乐织体多以单声部织体为主;夏尔巴音乐还存在装饰音、滑音等。如今学界还缺乏对夏尔巴民间音乐领域的调查与研究,已有资料和研究成果不够全面,不足以概括夏尔巴民间音乐的全貌,还需进行全方位的、深层次的探索,挖掘其音乐之精华,传承和保护夏尔巴民间传统的音乐文化。

西藏的民间歌舞品类繁多,和平解放后,有许多专家学者对藏族民间歌舞进行研究,而独树一帜的夏尔巴民间舞蹈却无人问津。最早研究夏尔巴民间舞蹈的是黄万黎,他在《夏尔巴人及其舞蹈》[28]一文中对夏尔巴民间舞蹈的3个基本动作进行了简单介绍:脚步如行走,右脚踏地重,左脚落地轻,有力平稳,节奏均匀;双手随着均匀的脚步左右甩动,身体随之自然左右摇摆;轻轻扭腰甩臂跨。夏尔巴民间舞蹈研究不仅起步晚,且成果少,除了《夏尔巴人及其舞蹈》外,仅有汪庆欢的硕士论文,《夏尔巴民间舞蹈的保护与传承研究——以西藏日喀则定结县陈塘镇为例》[29]。这篇文章针对夏尔巴民间舞蹈的保护与传承,提出了3点建议:依靠大众传媒,加强民间文化的保护;实现文化生态保护区;重视原生态舞蹈,建立民间艺术团体。这是最早关注夏尔巴民间舞蹈保护与传承的文章,具有开拓性意义。

(五)体质方面的研究

夏尔巴居住于喜马拉雅山区,其特殊的自然环境造就了夏尔巴独特的体质。有关夏尔巴体质方面的研究成果较少,且起步较晚,主要是受血样采集技术和运输条件的限制,这方面的研究于21世纪随着分子生物学方法的使用和交通条件的改善才得以展开。王圣巍的《广东省汉族人群与西藏自治区夏尔巴人群SP-A基因单核苷酸多态性研究》[30]是体质方面最早的研究成果。它通过对两个不同区域的人群SP-A基因单核苷酸的对比性研究,分析出SP-A基因是夏尔巴能够生活在高原的原因。在体质对比性研究方面的成果还有陈锋的《西藏世居人群的母系遗传多样性和夏尔巴人遗传特征》[31],它以遗传学的研究方法对藏族和夏尔巴的线粒体DNA进行了研究,并通过对比得出了夏尔巴线粒体单倍型结构接近藏族群体的结论,另外通过实验和数据分析表明了夏尔巴能生存在高原上的重要原因是基因突变。刘丽军的《西藏夏尔巴人适应高原的遗传基础》[32]在医学实验基础上展现出了西藏夏尔巴适应高原的遗传基础:夏尔巴主导的EPAS1单倍型缺氧耐受的氧传感性建立了一个基本的遗传背景,在高海拔的夏尔巴中产生了一个有效的血红蛋白氧运输系统。体质学研究的成果还有胡抗的《西藏夏尔巴人的群体遗传结构分析》[33]、王圣巍等的《GLUT1基因单核苷酸多态性与夏尔巴人群高原低氧适应的关系》[34]。

目前体质学研究处于初始阶段,主要研究方法为分子生物学,随着我国社会的快速发展,尤其是医学技术的进步,夏尔巴体质人类学的研究将很快迎来发展的春天。

（六）登山文化的研究

有关夏尔巴登山文化的研究随着西方人士攀登珠峰而展开，前期从事夏尔巴登山文化研究的多为西方学者，其中美国学者谢丽·奥特纳是研究夏尔巴登山文化的集大成者。从 1966—1990 年，她多次前往尼泊尔境内夏尔巴村庄从事田野调查研究，关注夏尔巴社会的政治、宗教及他们参与喜马拉雅登山运动之后的社会变迁。她的代表作有《珠穆朗玛峰上的生与死：夏尔巴人与喜马拉雅登山运动》《穿越仪式的夏尔巴人》《高原宗教：一部夏尔巴佛教的文化与政治史》。其中《珠穆朗玛峰上的生与死：夏尔巴人与喜马拉雅登山运动》分析了夏尔巴与西方登山者之间关系的复杂变化，以及登山运动对夏尔巴社会所带来的文化变迁。这引起了国内学者们的反响，刘志扬的《谢丽·奥特纳与〈珠穆朗玛峰上的生与死：夏尔巴人与喜马拉雅登山运动〉》[35]主要介绍了谢丽·奥特纳对喜马拉雅夏尔巴的研究情况，并对她的著作的主要内容和价值作了较为详细的评价。他认为该著作的价值在于能从夏尔巴的角度思考问题，用民族志的方式记录夏尔巴对登山文化的理解。马德民的《夏尔巴，珠峰超人》[36]对珠峰的地理状况、在登山队担任挑夫及向导的夏尔巴的状况进行了详细介绍。其他研究成果则多为报纸及游记。

（七）其他方面的研究

此外，还有学者从语言学、宗教学等方面进行研究，瞿霭堂的《夏尔巴话的识别——卫藏方言的又一个新土语》[3]从语音、词汇以及语法 3 个方面对夏尔巴话做了详细的归纳和总结。他认为国内外夏尔巴话基本相同，只是国外夏尔巴话有浊音，尼泊尔语的借词较多，有少量特有的语法表达形式，国内夏尔巴话由于受卫藏方言的影响，更接近卫藏方言。亚历山大·麦克唐纳等的《佛教在尼泊尔夏尔巴人地区的出现》[37]对佛教在夏尔巴地区的传播过程进行了详细分析，认为佛教是在没有受到政府的直接干预的情况下传入该地区的。英国研究者贾尼斯·萨切勒的《近年来旅游业对罗瓦林夏尔巴人社会经济的影响》[38]以时间为先后顺序探讨和分析了旅游业对夏尔巴的影响，认为旅游业促进了当地经济发展，与此同时，传统文化也正在逐渐消失。乔永春等人的《夏尔巴人的生计方式调查——以聂拉木县樟木镇为例》[39]认为历史上，夏尔巴的传统生计方式主要是农牧业。20世纪80年代后，受国家政策、交通条件、市场经济等因素的影响，夏尔巴作为跨界民族的自身优势得到充分发挥，其生计方式也发生了很大变化，以边境贸易为主的商业逐渐取代农牧业，使夏尔巴的生计方式呈现出多元化的发展态势。王思亓的《时空变迁下的流动：中尼边境夏尔巴人的跨界生活与国家认同》[40]将夏尔巴的认同置于国家政治力量“场域”这一时空框架中进行考察，她认为夏尔巴的国家认同发展变化背后，既有对边疆人民自身生活逻辑与现实利益的考虑，又有国家政治力量的作用。

二、夏尔巴研究所呈现的特点

（一）在研究方法上，重视实地调查，由于夏尔巴居住在喜马拉雅山脉地区，交通不便，与外界来往较少，所以历史上留下的文献资料很少，学术界对夏尔巴的研究主要运用田野调查法，处于材料积累阶段。近年来，跨学科研究趋势明显，我国有关夏尔巴的研究涵盖民族学、宗教学、语言学、体育学等众多学科领域。

（二）在研究队伍结构上，由于夏尔巴居住的地理环境较为复杂，区外学者不易到达，夏尔巴研究者大部分是藏族学者，他们能够适应当地特殊的环境，容易展开调查，现在由于交通条件的改善和国家政策的鼓励，越来越多的区外研究人员到夏尔巴居住地区进行调查，为夏尔巴的文化揭开神秘的面纱。另外，由于媒体对西藏风景的宣传，每年都会吸引很多旅游者前来夏尔巴生活的区域，他们把沿途看到的风景和夏尔巴的文化以随笔的方式进行记录。

（三）在所研究地域上，国外学者对夏尔巴的研究主要集中在尼泊尔地区，国内学术界的研究对象主要集中在西藏自治区。随着国家的对外开放，目前这一现象正悄然发生变化，国内学者开始对尼泊尔境内的夏尔巴进行研究，王璐的《尼泊尔地区的夏尔巴人》[41]就是有力的证据。

三、研究中存在的问题

有关夏尔巴的研究虽然取得了很大成就，在我国民族学界占有一席之地，但问题也随之而来，具体表现如下：

（一）研究成果较少且层次低。夏尔巴居住的地理环境恶劣，调查者不易进行深入研究。加之，人口较少且为我国的未识别民族容易被忽略，研究者所能利用的文献资料少，这就造成了研究成果较少，其中绝大部分属于论文，且篇幅较短，在这些论文当中，一些是业余研究者的随笔，有学术价值的文章较少。

（二）研究人员少，影响力小。由于受到语言的限制，从事夏尔巴研究的人员较少，从目前学术成果看，我国有关夏尔巴的研究封闭性较强，基本上没有与国外学界进行学术交流，造成研究者视野狭隘，在国际上没有影响力。

（三）研究方法单一，在过去 40 余年中，对族源研究方法依然是以传统的文献法为主，后来随着民族学、历史学等学科的田野调查、现场考究等研究方法的加入才使得这一课题的研究方法有所扩展，但就这一课题研究的前景来看，仅运用这些方法仍远远不够，应引进更多跨学科的研究方法，为这一课题的研究增添更多的鲜活性。

四、结语

夏尔巴作为聚居在喜马拉雅山区的一个跨境民族，对其进行研究具有重大意义。纵观国内学术界对夏尔巴的研究状况，急需加强，必须要扩充研究对象，扩大研究区域，开展田野调查，进行深入研究，积极吸收国外的研究成果，关注夏尔巴社会发展过程中的热点和难点，才能使我国的夏尔巴研究取得更大的进展。

参考文献

[1]王丽莺,杨浣,马升林. 夏尔巴人族源问题再探[J]. 四川民族学院学报,2012(03).

[2]黄颢. 夏尔巴人的族源试探[J]. 西藏民族学院学报,1980(03).

[3]瞿霭堂. 夏尔巴话的识别——卫藏方言的又一个新土语[J]. 语言研究,1992(02).

[4]陈乃文. 夏尔巴人源流探索[J]. 中央民族学院学报,1983(04).

[5]切排. 夏尔巴人的历史与现状调查[J]. 西北民族研究,2006(01).

[6]唐荣尧. 夏尔巴人的猜想[J]. 中国西藏,2006(06).

[7]李范文. 李范文西夏论文集[M]. 北京:中国社会科学出版社,2012.

[8]摩尔根. 古代社会[M]. 杨东莼,等译. 北京:商务印书馆,1997.

[9]克 · 冯 · 菲雷尔——海门道夫. 尼泊尔夏尔巴人的氏族及其功能[J]. 民族译丛,1987(05).

[10]桑吉东智. 陈塘夏尔巴人的氏族及其功能[J]. 青藏高原论坛,2013(03).

[11]王思亓. 夏尔巴人"骨系"认同下的亲属网络与社会组织[J]. 广西民族大学学报:哲学社会科学版,2015(02).

[12]钟敬文. 民族学概论[M]. 上海:上海文艺出版社,2009.

[13]刘洪记. 夏尔巴习俗述略[J]. 中国藏学,1991(03).

[14]陈立明,曹晓燕. 西藏民俗文化[M]. 北京:中国藏学出版社,2003.

[15]刘志群. 夏尔巴人生活习俗及其婚俗[J]. 中国西藏:中文版,2005(04).

[16]邹启才. 夏尔巴人风俗简介[J]. 西藏民俗,1994(04).

[17]刘玉皑. 传统沿袭与现代变迁:樟木镇夏尔巴人的婚俗调查[J]. 西

藏民族大学学报:哲学社会科学版,2015(06).

[18]王思亓.跨界婚姻与“困境”的消解——基于中尼边境夏尔巴人的调查[J].西藏研究,2016(05).

[19]樊前锋.最后的西夏皇裔中尼边境上的夏尔巴人[J].环球人文地理,2014(08).

[20]侯朝阳.中尼边陲的夏尔巴部落[J].中国西部,2015(14).

[21]郎杰.神秘的中国夏尔巴人[J].侨园,1999(05).

[22]桑吉东智.戏剧表演与村落秩序:陈塘夏尔巴人的“嘛呢”表演及其意义[J].内蒙古大学艺术学院学报,2015(03).

[23]关大平,关序合.夏尔巴民间音乐[J].中国音乐,1982(01).

[24]格曲.夏尔巴器乐曲[J].西藏艺术研究,2002(1).

[25]格曲,央金卓嘎.夏尔巴人的音乐文化与艺术特点[J].西藏艺术研究,2006(03).

[26]莫佳.简述陈塘镇夏尔巴民间音乐[J].西藏艺术研究,2016(04).

[27]莫佳.樟木夏尔巴人民间音乐浅析[J].西藏艺术研究,2014(02).

[28]黄万黎.夏尔巴人及其舞蹈[J].艺研动态,1987(04).

[29]汪庆欢.夏尔巴民间舞蹈的保护与传承研究——以西藏日喀则定结县陈塘镇为例[D].拉萨:西藏大学,2016.

[30]王圣巍.广东省汉族人群与西藏自治区夏尔巴人群 SP-A 基因单核苷酸多态性研究[J].细胞与分子免疫学杂志,2007(03).

[31]陈锋.西藏世居人群的母系遗传多样性和夏尔巴人遗传特征[D].咸阳:西藏民族学院,2014.

[32]刘丽军.西藏夏尔巴人适应高原的遗传基础[C]//中国遗传学会.中国遗传学会第九次全国会员代表大会暨学术研讨会论文摘要汇编(2009—2013),2013.

[33]胡抗.西藏夏尔巴人的群体遗传结构分析[C]//中国遗传学会,新

疆维吾尔自治区科协，新疆大学. 中国的遗传学研究—遗传学进步推动中国西部经济与社会发展—2011 年中国遗传学会大会论文摘要汇编，2011.

[34]王圣巍，孙学川，闫惠琴，申勇. GLUT1 基因单核苷酸多态性与夏尔巴人群高原低氧适应的关系[J]. 第四军医大学学报，2009(03).

[35]刘志扬. 谢丽·奥特纳与《珠穆朗玛峰上的生与死：夏尔巴人与喜玛拉雅登山运动》[J]. 西藏民族学院学报：哲学社会科学版，2014(02).

[36]马德民. 夏尔巴，珠峰超人[J]. 人与自然，2012(05).

[37]亚历山大·麦克唐纳，翟胜德. 佛教在尼泊尔夏尔巴人地区的出现[J]. 西藏研究，1988(04).

[38]贾尼斯·萨切勒. 近年来旅游业对罗瓦林夏尔巴人社会经济的影响[J]. 民族译丛，1987(05).

[39]乔永春，次仁琼达，马宁，刘玉皑. 夏尔巴人的生计方式调查——以聂拉木县樟木镇为例[J]. 西藏民族大学学报：哲学社会科学版，2015(05).

[40]王思亓. 时空变迁下的流动：中尼边境夏尔巴人的跨界生活与国家认同[J]. 思想战线，2016(06).

[41]王璐. 尼泊尔的夏尔巴人[J]. 西藏研究，1994(4).

附录 2

近四十年来僜人研究综述①

周园朝　马宁

僜人也被称为“僜巴”，是我国的未识别民族之一，大约有 2000 人，分布于中国西藏自治区的察隅县，主体部分居住在被印度非法控制的我国藏南地区，大约有 7 万人。僜人有自己的语言“达让”和“格曼”两个语种，属藏汉语系的藏缅语族，但没有本民族的文字，僜人有姓氏，早期以刻木、结绳来记事。1959 年西藏民主改革前，僜人世世代代在原始森林中生活，与外界的接触较少，尚处于原始社会的末期，直到民主改革后，僜人才逐步走出山林，其文化也慢慢被外界所知。

一、关于僜人的学术研究情况

学术界对僜人的研究，肇始于 20 世纪 80 年代，1980 年，中国社会科学院民族研究所派出张江华、陈乃文、陈景源等人组成调查组，赴西藏察隅县开展僜人社会历史调查，并于 1990 年出版了《僜人社会历史调查报告》，成为我国第一本关于僜人的研究著作，也使僜人逐渐走入了学者们的视野，吸引着一些后辈学人从事僜人研究。截至目前，学术界关于僜人的研究成果集中在僜人的族源、民俗文化、宗教、歌舞艺术和社会文化变迁等诸多方面。鉴于学术界尚无人撰写关于僜人的研究综述，因此，笔者认为有必要对近四十年来僜人的研究成果进行梳理。

（一）僜人的族源研究

作为我国人口较少的族群之一，僜人的族群归属尚无定论，学者们对僜人

① 本文是国家社科基金冷门“绝学”和国别史等研究专项《西藏夏尔巴人、僜人非物质文化遗产保护和传承研究（2018VJX060）》的阶段性成果之一。

族源的界定也是众口不一,形成了两种观点,第一种是汉、藏、珞巴和僜人同源说,第二种是源于古羌族说,《僜人社会历史调查》(1990)是汉、藏、珞巴和僜人同源说的代表性著作,以阿加尼①的神话故事为依据,推断出僜人和汉族、藏族、珞巴族起源于同一祖先。② 对这种观点提出异议的学者是郑连斌,他在《中国莽人、僜人、珞巴族与门巴族 Heath-Carter 法体型研究》(2010)中指出僜人和珞巴族的体质特征方面存在明显的不同,从这一侧面可以佐证僜人和珞巴族并非同源。③ 康龙丽也通过将藏族和僜人的染色体进行对比分析,提出僜人具有独特的遗传特征,不同于藏族,认为生活在喜马拉雅山地区的僜人群体在文化和生活习俗上与东亚一些民族相似,而藏族和北亚的一些民族有更多的相似性。④ 张晓瑾则提出了僜人源于古羌族说,她将僜人与古羌人的民俗文化进行比较研究,认为古羌人的服饰、音乐舞蹈、抢婚习俗等都被僜人这一较为原始的族群很好地保留了下来。⑤ 在《僜人溯源——从其体质、宗教崇拜、民族迁徙的历史考析》(2015)中,她又对比了僜人和古羌人的宗教信仰,认为僜人和古羌人都信奉万物有灵,古羌人对神树的崇拜与僜人对鬼树的崇拜,两者有较大的相似性,这是古羌人南下迁徙遗传下来的宗教信仰仪式。⑥ 笔者认为,

---

① 传说很久以前在大地上有一个叫阿加尼的人,他和一只雌性猴子结婚后生了四个儿子,老大叫"东衣",老二叫"东马",老三叫"东都",老四叫"东代"。有一天,"东代"上山开垦荒地回来后发现三个哥哥都走了,大哥到了出金子产粮食的平原,成了汉族;二哥到了能种庄稼又能放牧的地方,成了藏族;三哥就在不远的山区成了珞巴族;小弟留在家里,就是今天的僜人。

② 中国社会科学院民族研究所. 僜人社会历史调查[M]. 昆明:云南人民出版社,1990:10-12.

③ 郑连斌,陆舜华,张兴华,罗东梅,于会新,许渤松. 中国莽人、僜人、珞巴族与门巴族 Heath-Carter 法体型研究[J]. 人类学学报,2010,29(02):176-181.

④ Longli Kang. Genetic structures of the Tibetans and the Deng people in the Himalayas viewed from autosomal STRs. Journal of Human Genetics, (2010) 55:270-277.

⑤ 张晓瑾. 僜人与羌族、珞巴族、藏族的体质及民俗事项对比分析[J]. 湖北经济学院学报,2015,12(07):17-19.

⑥ 张晓瑾. 僜人溯源——从其体质、宗教崇拜、民族迁徙的历史考析[J]. 湖北工业大学学报,2015,30(03):104-108.

由于考古发现、体质测量资料的缺少,就目前仅有的这些研究成果而言,很难界定这两种说法哪种是完全正确的,还有待于学者们做进一步的探讨。

(二)僜人的氏族研究

氏族是民族学的传统研究领域之一,由于僜人所在地区比较偏僻,长期处于西藏的边缘地带,僜人的生活状况就显得非常神秘,并不为外人所知,直至西藏和平解放前,僜人的社会发展阶段还处在原始社会末期。我国学术界最早对僜人的氏族进行研究的学者是张江华,他在《略论原始社会瓦解时期的僜人社会》(1980)一文中,分析了僜人独特的社会制度,认为商品生产是原始社会生产关系变革的催化剂,加速了僜人社会制度的变革,僜人的社会制度自新中国成立后开始由氏族公有制直接向个体家庭私有制过渡,并没有经过村社所有制。① 吴从众的《僜人父权制的家庭与婚姻》(1980)②和《论僜人由血缘向地缘关系的过渡》(1985)③从不同角度对僜人的氏族进行论述,前文描述了僜人古老的婚姻习俗,指出僜人的婚姻形态经过了从血缘婚到群婚,再到对偶婚的发展历程,认为僜人的父权制家庭本质上是专制的,僜人的婚姻形态还存在一定的氏族残余。后文从地缘角度出发对僜人的社会制度进行研究,认为僜人自民主改革后父权制的血缘关系逐步被地缘关系所取代,形成了地区性首领——"噶背亚梅",社会公共权力也相应地出现了从神判到人判的巨大变化。

笔者认为,僜人氏族制度的长期存在与其特殊的地理环境相关,西藏和平解放前,僜人一直在与世隔绝的深山老林中生活,自然环境恶劣,生产力非常低下,氏族成员必须集体协作才能生存,这为氏族制度的延续提供了空间。现在,虽然僜人的氏族制度已经湮没在历史的长河中,但是从张江华、吴从众等前辈学人的研究成果中,我们仍然可以看到僜人氏族制度的影子,这为我们提

① 张江华. 略论原始社会瓦解时期的僜人社会[J]. 民族研究,1980(02):71-78.

② 吴从众. 僜人父权制的家庭与婚姻[J]. 民族研究,1980(01):72-80+71.

③ 吴从众. 论僜人由血缘向地缘关系的过渡[J]. 西藏研究,1985(02):105-112.

供了研究僜人社会的宝贵历史资料，有助于我们开展进一步的研究。

（三）僜人的原始宗教研究

“原始人是相信有相当多的鬼神存在的，不过他们对这些超自然力量的态度，总是限于想尽方法使他们为自己谋福利。”①僜人也不例外，他们相信万物有灵，认为鬼是万物的根源，解除鬼的威胁的最好办法就是通过各种仪式，使人摆脱鬼的纠缠。学术界关于僜人原始宗教的研究成果中，最有代表性的是陈景源、张江华，二人合著的《“郭西斗雅”——僜人的神判》（1981）一文，记录了解放前僜人的原始宗教行为，指出僜人通过神判调解纠纷，这种神判习俗具有原始的宗教内容，认为在社会生产力低下、阶级社会初步形成的情况下，神判习俗对保护私有经济的成长和社会稳定具有一定的作用。② 张江华也对僜人原始宗教的形成过程进行了阐释，认为万物有灵的信仰使僜人认为精灵无处不在，无处不有，鬼与鬼之间并无组织和隶属关系，这也曲折地反映出僜人社会组织的松散状况，即以血缘为纽带的氏族组织已经解体。僜人的丧葬习俗在很大程度上依托宗教信仰进行，对死者所施行的各种宗教仪式都是为了活着的人的利益。③ 陈景源则更进一步对僜人的原始宗教进行了系统的论述和科学的分析，认为僜人信鬼的行为表明了僜人的宗教信仰还停留在原始宗教发展过程中的初级阶段，僜人从实用的立场出发，所崇拜的鬼都与自身利益有关，表明了僜人原始宗教的实用性。④

从以上学者的研究中可以看出，僜人的原始宗教信仰是特殊的历史时期僜人生活状态的一种反映，曾经在僜人的社会生活中发挥过较为积极的作用，然而，随着社会的不断进步，僜人的原始宗教信仰丧失了原有的解释能力，不

---

① 普列汉诺夫. 没有地址的信 · 艺术与社会生活［M］. 曹葆华，译. 北京：人民文学出版社，1962：118.

② 陈景源 ，张江华. “郭西斗雅”——僜人的神判［J］. 中央民族学院学报，1981（03）：36-38+52.

③ 张江华. 僜人的原始宗教及其社会影响［J］. 西藏民族学院学报，1989（02）：63-69.

④ 陈景源. 僜人的原始宗教［J］. 中央民族大学学报，1994（04）：45-50.

能满足僜人的精神需求,逐渐陷入衰退的境地。学者们采用民族志的方法对僜人的原始宗教的记述毫无悬念地表现出进化论的色彩,这一方面与学者们的学术立场相关,另一方面也符合僜人社会发展变迁的实际情况。

(四)僜人的民俗文化研究

历史上,僜人世世代代在高山密林中生息繁衍,与外界的联系很少,西藏民主改革后,他们与外界的联系才有所增加。20 世纪 60 年代,在政府工作人员的劝说下,僜人逐渐走出山林,过起了定居生活,其社会制度也从原始社会末期直接进入了社会主义社会,从这个角度来说,僜人也属于"直过民族"。虽然僜人传统社会文化的滞后性和现代文化的先进性形成了强烈的反差,但由于民俗的稳定性特征发挥作用,僜人的传统文化并没有在短期内改变,其特色民族文化依然存在。由于种种原因,学术界关于僜人民俗文化的研究成果相对较少,最早进行专门研究的是陈景源的《僜人"格崩"探析》(1993)一文,认为僜人的头饰呈流线型的竹叶状,常常以竹喻人赞美对方品格高尚,提出了僜人的审美观已完成了从原始的形象模仿到抽象形式的演变的观点。① 刘宗昌的《僜人文化综述》(1997)对僜人的语言、原始生活、婚姻习俗、宗教信仰进行了描述和综合性的分析,对僜人在农奴主阶级歧视和压迫下的悲惨境遇以及原始的风俗习惯进行了论述,认为僜人从久居深林的原始人式的生活到如今生活安定富裕的生活现状是社会文明进步的结果。②

21 世纪后,有学者通过对僜人传统文化和现代文明的对比,对解放后僜人新居的生活面貌进行描述,指出僜人社会已融入现代化文明的发展中。③这一时期还出现了对僜人民俗文化进行整体性研究的学术成果,陈立明、曹

① 陈景源. 僜人"格崩"探析[J]. 民族研究,1993(02):47-52.

② 刘宗昌. 僜人文化综述[J]. 西藏艺术研究,1997(04):53-57.

③ 王健,丁武军. 察隅僜人生存状态考察报告[J]. 江西科技师范学院学报,2002(04):11-15.

晓燕的著作《西藏民俗文化》(2003)对僜人的衣食住行、婚葬和节日礼仪进行了非常细致的记述,通过对僜人的服饰文化、婚俗文化、丧葬文化以及节日文化的分析,认为僜人的民俗文化包含着宗教信仰和祭祀的元素,并强调僜人在与藏族长期的交流交往中深受其影响,民俗文化也变得更加丰富。[①]该书堪称僜人民俗文化研究的集大成者,是继《僜人社会历史调查》之后的又一力作。

随着西藏旅游业的发展,僜人独特的民俗文化吸引着众多游客前往察隅县游玩,这一情况也引起了学者们的关注,赵佩燕、刘智能的《西藏林芝僜人民俗村旅游规划研究》(2012)从旅游发展的角度出发,提出了加大林芝僜人民俗文化旅游发展力度的倡议,认为要充分挖掘、保护、传承僜人民俗文化,通过发展旅游带动当地僜人居民的经济收入,同时也要注重对僜人传统文化的保护。[②] 焦红、吴金岷的《西藏察隅县沙琼村僜人文化生态旅游规划探讨》(2012)也提出了发展僜人村寨经济并与保护僜人传统文化相结合的旅游规划思路。[③] 可以看出,后来的学者沿着前辈学者的足迹,坚持进行田野调查,对僜人的民俗文化进行了新的诠释,体现了学者的人文情怀。

(五)僜人的歌舞艺术研究

“游戏娱乐,是一种以消遣休闲、调剂身心为主要目的,而又有一定模式的民俗活动。它是人类在具备起码的物质生存条件的基础上,为满足精神的需求而进行的文化创造。”[④]唱歌跳舞是僜人主要的娱乐方式之一,人们在满足基本生存需求后,通过这种方式愉悦身心,达到物质需求和精神需求的

① 陈立明,曹晓燕. 西藏民俗文化[M]. 北京:中国藏学出版社,2003.

② 赵佩燕,刘智能. 西藏林芝僜人民俗村旅游规划研究[J]. 四川林勘设计杂志,2012(01):44-46.

③ 焦红,吴金岷. 西藏察隅县沙琼村僜人文化生态旅游规划探讨[J]. 西安建筑科技大学学报,2012,(04):41-45.

④ 钟敬文. 民俗学概论[M]. 上海:上海文艺出版社,1999:366.

统一。在僜人的舞蹈研究方面，阿旺克村的《谈谈西藏僜人及其歌舞》（1987）是学术界较早对僜人舞蹈进行研究的成果，他把僜人的舞蹈分为会歌、巫师祭祀舞、节日集体舞和佩刀舞四类，揭开了僜人舞蹈的神秘面纱，提出了要保护、继承和发扬民族民间舞蹈，实现传承的建议。[①] 白玛央吉的《论僜人的歌舞艺术》（2012）在吸收阿旺克村学术观点的基础上，呼吁要保护僜人的优秀传统文化，积极发掘和抢救僜人的舞蹈艺术。[②] 陈立明、曹晓燕的《西藏民俗文化》（2003）也对僜人的歌词内容进行了分析研究。目前，由于歌舞类研究需要很强的专业性，研究难度很大，所以学术界对僜人歌舞艺术的研究非常不足，需要研究者继续深入调查。

此外，关于僜人其他方面的研究成果还有付爱民的《从蓝志贵西藏珞巴族、僜人摄影谈早期少数民族影像的重要价值》（2008）对蓝志贵先生 1956 年和 1976 年拍摄的珞巴族和僜人的照片进行梳理，指出这些照片是最早具备鲜明民俗影像意识的影像资料，也是认识珞巴族和僜人形象的第一批民族学影像，肯定了这些图像鉴定历史、弥补和纠正文献的作用。[③] 凌仕江的《僜人》（2017）虽然是散文随笔，但其学术价值在于作者关注了僜人身份证上的民族族属这一现实问题的解决之道。[④]

二、僜人研究的特点

（一）从研究历程上来说，僜人研究经历了三个发展阶段，在 20 世纪 80 年代的开拓期，前辈学者们克服种种困难，深入僜人居住地，搜集了大量的第一手资料，发表了大量学术论文，其中又以陈景源、张江华最为著名，因为他们是国内最早对僜人进行调查研究的学者，其研究成果多发表在国家级期刊《民族研究》上，引起了学术界对僜人这一群体的关注，也为后人的研究

---

① 阿旺克村. 谈谈西藏僜人及其歌舞［J］. 艺研动态，1987（01）：11-15.

② 白玛央吉. 论僜人歌舞艺术［J］. 西藏艺术研究，2012（03）：41-43.

③ 付爱民. 从蓝志贵西藏珞巴族、僜人摄影谈早期少数民族影像的重要价值［J］. 中国摄影家，2008（04）：28-33.

④ 凌仕江. 僜人［J］. 创作与评论，2017（03）：113-120.

积累了宝贵的资料。20 世纪 90 年代是僜人研究的重要时期,虽然文章较少,但出现了《僜人社会历史调查》这本重量级的调查报告,成为僜人研究的权威著作,说明经过 20 世纪 80 年代的积累,僜人研究已经形成了比较系统的研究体系。进入 21 世纪后,学术界对僜人的研究成果呈现出逐渐增加的态势,有两部学术著作和 20 多篇论文,而且出现了多学科的研究趋势。

(二)从研究方法上来讲,从最初的民族学田野调查方法的广泛使用,转向了跨学科的多元研究方法共用,生态学、体质人类学、医学和艺术学等学科知识也被研究者使用,特别是现代科学技术的使用有利于解决僜人研究中像族源这样的复杂问题,扩展了僜人的研究领域。

(三)从研究人员的民族成分和结构上来讲,最早的僜人研究者都是汉族学者,这与当时特殊的社会环境密切相关,后来,一些藏族学者也参与其中,改变了研究者的民族成分。但尚未出现僜人本民族学者的研究成果,这是目前僜人研究最大的遗憾。

三、僜人研究中存在的问题

在僜人研究取得成就的同时,也不能忽视僜人研究中所存在的问题,主要是:

(一)研究成果数量不多,多以论文的形式出现,学术著作只有 2 部,制约了僜人研究水平的提高。随着时代的发展,僜人社会已经发生了巨大变化,但学术界并没有开展类似于 20 世纪 80 年代那样的较大规模调查,虽然有一些零散的调查,但还不能完整地体现出僜人社会的发展变化,影响了僜人研究的延续性,从这个意义上来说,僜人研究资料积累的任务还未完成,需要后来学者的进一步努力。

(二)研究人员出现断层情况,没有产生足够的学术影响力。受僜人所处地理环境过于偏僻和人数较少等因素的影响,从事僜人研究的学者数量一直不多,而且集中在民族学领域,随着发挥开拓性作用的老年学者的退休,没有青年学者跟进,人才凋敝,致使学术队伍陷入了青黄不接的困境,这极大地制约了僜人研究的发展。

四、结语

近四十年来，学者们对僜人的研究丰富了我国民族学的研究园地，为僜人在民族学界赢得了一席之地，但现在这一传统研究领域的发展前景并不明朗。我们认为，学术界急需对僜人社会进行全面的田野调查，出版一本民族志著作，系统反映僜人社会的全貌，只有这样，或许能够带动一些年轻学者关注僜人这一群体，并致力于相关的学术研究工作，以弥补目前僜人研究的不足。